루소의 교육사상

루소의 교육사상

초판인쇄 :   1987년 3월 05일
개정판 발행 : 2020년

엮은이 : 최정웅
펴낸이 : 김진남
펴낸곳 : 배영사

등록 : 제2017-000003호
주소 : 경기도 고양시 일산서구 구산동 1-1
전화 : 031-924-0479
팩스 : 031-921-0442
이메일 : baeyoungsa3467@naver.com
ISBN : 979-11-899408-7-8
정가 : 10,000 원

루소의 교육사상

최정웅 저

배영사

머리말

  루소는 현대사회의 사상적 근원을 이루어준 사람이라 할 수 있다. 루소의 의해서 현대는 비로소 시작되었다고 말할 수 있을 것이다. 그래서 괴테는 볼테르와 더불어 한 시대가 끝나고, 루소와 더불어 또한 시대가 시작되었다고 말하였다.

  루소의 의해서 근대 민주주의 이념인 자유·평등·주권재민(主權在民)의 정신이 근원되었으며 루소로부터 아동의 권리와 아동의 세계가 발견된 것이다. 전통적인 교사중심의 교육을 비판하고 성인중심의 아동관에서 아동은 성인의 축소판이 아니라 아동은 그 고유의 세계와 독특한 발달 특징을 가졌다. 우리는 그들에게서 성인을 구할 것이 아니라 그들의 세계를 존중하고 그들의 눈으로 세계를 볼수 있도록 해야 한다는 그의 아동관은 진보주의적 자유주의 교육이 루소에게서부터 시작된 것이라고 볼 수 있다.

루소를 모르고서는 현대사회도 현대교육도 완전히 이해할 수 없다. 루소·바제도우·페스탈로치·헤르바르트·프뢰벨·듀이의 맥으로 이어지는 현대교육에 대한 흐름의 발원은 바로 루소인 것이다.

그의 "에밀"은 바로 현대교육의 이념과 방법을 제시하는 교육성서(敎育聖書)와 같은 것이다.

본서에서는 루소의 생애와 루소의 자연주의 교육사상의 본질을 자연·인간·종교·사회·자유와 평등으로 살펴보고 자연주의 교육이념과 방법 그리고 교육내용을 살펴본 다음 자녀교육과 가정교육, 여성교육의 순으로 살펴본다.

그리고 마지막으로 루소 사상을 교육에 실천한 페스탈로치와의 비교를 통하여 루소를 보다 더 잘 이해할 수 있도록 사상의 중심인 자연·인간·종교·국가·사회 교육관을 비교하여 루소의 사상을 전체적으로 조명해 본다.

본서를 통하여 현대교육의 사상적 근원을 이루어 준 루소의 교육사상을 이해하는 데 다소나마 도움이 된다면 저자로서는 더없는 기쁨이 되겠다.

저자

목차

머리말 ·· 5

1. 루소의 생애 ······································· 11

2. 자연주의사상에 있어서 교육의 본질 ··············28
 (1) 서론 ··· 28
 (2) 사상적 배경 ································· 32
 (3) 교육사상의 기저 ························· 39
  1) 자연사상 ································ 40
  2) 인간사상 ································ 47
  3) 종교사상 ································ 60
  4) 사회사상 ································ 64
  5) 자유와 평등사상 ······················ 76
 (4) 결론 ··· 82

3. 자연주의교육의 이념과 방법 ··················87

(1) 서론 ·· 87

(2) 교육이념 ····································· 90

 1) 전통적인 교육에 대한 견해 ············· 90

 2) 교육의 의미 ······························· 96

 3) 교육의 목적 ·····························102

 4) 교육이념으로서의 도덕적 가치 ···········105

 5) 교육이념의 구현자로서의 교사론 ········111

(3) 교육내용 ···································114

(4) 교육방법 ···································121

 1) 일반적인 방법원리 ····················121

 2) 발달단계에 의한 교육방법 ·············132

(5) 결론 ······································153

4. 가정교육론 ································· 159

(1) 서론 ······································159

(2) 가정과 가정교육 ···························162

 1) 가정관 ·································162

 2) 가정교육관 ·····························166

(3) 여성과 여성교육 ···························169

1) 여성관 ··· 169

2) 여성교육관 ··· 181

(4) 가정교육방법 ······································ 186

(5) 결론 ··· 195

5. 루소와 페스탈로치 교육사상의 비교 ············ 200

(1) 서론 ··· 200

(2) 자연관 ·· 203

1) 자연의 의미 ······································ 203

2) 자연주의교육 ···································· 211

(3) 인간관 ·· 216

(4) 종교관 ·· 220

(5) 국가사회관 ·· 226

(6) 교육관 ·· 235

(7) 결론 ··· 244

1) 공통점 ·· 244

2) 상이점 ·· 246

1. 루소의 생애

 루소(Jean Jacques Rousseau, 1712-1778)는 스위스 제네바에서 1712년 6월 28일 출생하였다. 루소의 선조는 캘빈주의로 개종한 파리의 서적상(書籍商)이었는데 16세기 중엽 앙리 2세 시대의 박해를 피해 프랑스로부터 스위스로 망명하였으며 그 후 제네바 시민권을 얻어 정착하였다. 루소는 그의 5대손이다.

 아버지 이작크(Isaac Rousseau)는 선대로부터 물려받은 시계공업으로 중류생활을 한 신흥 부자였다. 그는 음악과 무용을 좋아하였고 다분히 방랑벽과 바람기가 있는 기질의 소유자였다. 그래서 여러 해 동안 터키의 수도 콘스탄티노플에 머무르면서 댄스 교사도 하였다.

어머니쪽의 선조도 사보이(Savoy)에서 망명 온 개신교도였다. 어머니의 백부는 목사였다. 어머니 수잔나(Suzanne Bernard)는 교양도 높고 감정도 부드러운 훌륭한 현명한 부인이었다.

루소의 부모 이작크와 수잔나는 만혼(晚婚)으로서 아버지가 32세 어머니가 31세가 되어서 결혼했다. 어머니 수잔나는 첫째 아들을 낳고 둘째 아들인 루소를 낳은 지 10일만에 세상을 떠났다. 루소는 그의 '고백'에서 "나의 출생은 나의 최초의 불행이었다"고 쓰고 있다. 자신의 생명과 어머니의 죽음을 맞바꾸었다는 데 대해서 영원한 회한과 죄책감을 느끼고 있었던 것이다. 그래서 어머니가 없는 그리움과 외로움을 깊이 느끼고 아버지와 함께 어머니를 그리워하는 마음을 달래곤 하는 것이 하나의 일과가 되었다. "자, 장자크야 우리 엄마 이야기나 해 볼까" 하고 아버지가 말을 꺼내면 조숙한 루소는 "그러면 아버지 우리는 또 울게 되잖아요"라고 대답하여 아버지의 마음을 아프게 하였다.

루소는 이처럼 모성애를 동경하였으며 이 같은 어머니에 대한 감정과 그리움이 성인이 되어서도 어머니에 대한 콤플렉스로 나타나게 되며, 그의 아버지에 대한 지나친 의존감정으로 발전했다. 루소의 아버지는 루소를 정규교육은 시키지 않고 '플루타르코스 영웅전' 등의 소설을 읽게 하였다. 아버지와 아들은 함께 밤늦도록 책을 읽었다. "우리는 그 책을 끝까지 읽기 전에는 잠자리에 들 수 없었다. 아버지는 아침에 참새가 지저귀는 소리를 듣고서야 말했다." "애야, 이젠 잠자리에 들자. 내가 너보다 더 어린아이 같구나."

루소의 아버지는 자식에 대한 사랑이 강했으며 따라서 루소에게 있어서 아버지는 어머니였고 소꿉동무였다. 이러한 아버지 이작크는 어떤 프랑스 군 대위와의 결투 끝에 부득이 제네바를 떠나지 않으면 안 되었고 그래서 두 아들을 외삼촌에게 맡기고 영원히 제네바를 떠났다. 그때 루소는 10세였다.

이렇게 하여 루소는 생후 10일 만에 어머니를 여의고, 10세 때는 아버지와도 생이별하게 되었다. 부모의 사랑은 받지 못하고 성장한 루소는 내향적이고 사회성이 없으며 고독을 좋아하고 정서적으로 불안

하고 심리적으로 계속되는 방황의 인격이 형성되기
에 충분했다.

10세 때 루소는 제네바에서 약 7km 떨어진 보사
이(Bosey) 마을의 목사 람베르시에에게 맡겨졌다.
그때가 1722년이었다. 거기서 2년을 보내고 1724
년 12세 때는 공증인 마세롱의 서기노릇을 하였다.
그 후 13세가 되는 1725년에는 조각사 코문 밑에
서 일하게 되었다. 이때 세상의 찬바람을 경험하였
고 독서와 자연 속에서 오직 위안을 얻었다. 이때
그는 반항과 거짓, 태만 그리고 심지어 물건을 훔치
는 일도 했다고 한다. 그는 이 당시를 회상한 '고
백'에서 "나는 타락에 빠질 강한 충동을 받고 있
었음에 틀림없다"고 하였다.

16세가 되는 1728년에는 구차스러운 생활을 버리
고 방랑의 길을 떠났다. 그러던 중에 퐁티에르 신부
(神父)를 만났다. 신부는 그에게 침식을 제공해 주
고 가톨릭 교리문답을 가르쳐 주었다. 신부는 그에
게 바랑 부인을 소개해 주었다. 그녀는 남편과 헤어
져 가톨릭으로 개종한 젊은 여성으로, 왕(王)으로
부터 연금을 받고 생활하고 있었다. 그녀로 인하여
루소는 가톨릭으로 개종하게 되었다. 그리고 1729
년에는 17세로 신학교에 입학하였으나 2개월 만에

그만두었다. 그리고 성당부속 합창학교에도 다녔다. 그 후 스위스 로잔느와 뉴샤델에서 음악선생을 하였으며 그 후 또 방랑생활이 계속되었다. 그러다가 바랑 부인 곁에서 약 10년 간 정착생활을 했다. 이 시기를 그는 회상하기를 "내 생의 행복한 나날"이었다고 한다.

루소는 여러 번의 방랑생활과 세파에 시달리면서 많은 사람을 만났는데 그때 그는 "어렸을 때는 그렇게 많은 선량한 사람들을 만났는데 나이를 먹으면서 이렇게 조금밖에 못 만나는 것은 무슨 이유일까. 민중들 사이에서는 자연의 감정이 보다 더 자주 들리는 데 반하여 보다 높은 신분에 있어서는 자연의 감정이 질식되어 있다"고 하였다. 그래서 그는 자연과 인공, 감정과 이성, 서민과 특권계급 등 루소사상을 이루는 대립개념이 방랑생활의 체험에서 그의 사상의 기초를 형성하게 되었다.

바랑 부인의 집에서 그녀에게 의존생활을 하면서 어머니로서의 사랑, 이성(異性)으로서의 사랑을 받으면서 음악과 자연을 즐기면서 하루하루 만족한 생활을 보냈다. 이때에 루소는 플라톤·라이프니츠·로크·파스칼을 읽었고, 고대철학과 근대철학, 자연과학을 공부하였으며, 문학·음악·역사·철학을 연구할 수 있었다. 그는 이상의 세계로 눈을 뜨게 되면서 처음으로 글을 쓰기 시작하였고, 사색도 할 수 있었으며 바랑 부인에게서 여성을 알게 되었다. "육체의 소유처럼 남자를 여자에게 끌어매는 것은 없다"고 했다. 그래서 나중에는 한 사람의 완전한 남자로서의 바랑 부인과의 관계가 시작되었으며 그래서 그의 만년에는 바랑 부인을 여성으로서 이상화한 인물이기도 하였다.

1740년 28세 때 바랑 부인 곁을 떠나 넓은 세계로 새 출발을 하게 되었다. 지금까지의 의존적인 생활에서 독립적이고 전투적인 생활이 시작된 것이다.

처음에는 프랑스 리옹으로 갔다. 거기서 그 지방의 유지 마블리가의 가정교사가 되었고 마블리가를 통하여 파리의 계몽주의자의 서클과 연결 될 수 있게 되었다.

1742년 30세 때 파리로 갔다. 음악과 작곡 교사로 생계를 이어나가면서 음악 신보법(新譜法)과 오페라 희곡과 몇 편의 시(詩)로 음악계에 선풍을 일으켜 음악가로서 입신출세를 희망하였다. 또 한편 음악에 관한 글을 써서 큰 기대를 걸었으나 성공을 거두지 못하고 실의와 좌절에 빠지게 되었다. 그때 유명한 디드로와 그림 등 백과전서파 사상가들을 알게 되고 사교계와 살롱에 출입했다. 그러나 파리의 사교계나 상류층이 가식과 허영에 차 있음에 실망하여 자신은 더욱더 군중 속의 고독을 체험하게 되고 사회로부터 소외의식을 경험 했다.

　1743년 31세 때에는 베니스 주재 프랑스 대사 몽테규의 비서직을 맡았다. 그러나 이때에도 귀족의 무능과 오만을 경험하고 환멸을 느끼며 충돌을 피할 수 없었다. "약자의 억압, 강자의 횡포를 정당화함으로써 진실된 질서를 파괴한다"고 느꼈다. 이때의 경험이 '정치제도론'을 구상하는 계기가 되었으며 후에 '사회계약론'으로 결실을 거두게 되었다. 그러나 1년 만에 비서직에서 면직되고 파리로 다시 돌아왔다. 그는 한동안 정치가로서의 꿈도 가지고 있었으나 음악과 희곡의 창작에 몰두하게 되었다. 파리의 오페라 무대에서 그의 발레가 공연됐지만 별 인기를 끌지 못했다. 그리고 루소는 그 같은 실패로 인하여 병을 얻게 되었다.

　이 같은 실의와 좌절에 빠져 있을 때 하숙집의 세탁부 테레제를 만나게 되어 루소가 죽기까지 30년간의 동거생활을 하게 되었다. 처음에는 기분전환으로 그녀에게 접근하였다고 한다. 그때를 회상하기를 우둔하지만 호감이 가고 소박하면서도 요염하지 않은 처녀라고 9세 아래인 그녀를 평하고 있다.

그녀와의 관계는 쾌락의 공유와 죄(罪)의 공유라는 요소가 가중되어 버리지도 결혼하지도 않는다고 말하였다. 그녀와의 사이에서 태어난 5명의 아이들을 차례로 고아원으로 보냈다. 그러한 가운데 루소의 생애에 있어서 결정적인 계기가 있게 되었다. 1749년 초가을의 어느날 루소는 파리 교외의 반센느성에 감금되어 있는 디드로를 면회갔다. 디드로는 맹인(盲人)에 관한 서한(1749)에서 무신론과 유물론을 주장했다는 죄로 감금되어 있었던 것이다. 그를 면회하러 가던 도중 지상에서 우연히 디종학술원의 현상논문 제목 '과학과 예술의 진보는 풍습의 부패에 기여했는가, 순화에 기여하였는가'를 보게 되었다. 이때 루소는 반센느 숲속의 떡갈나무 아래서 순간적인 영감을 체험하였다고 그의 자서전에서 술회하고 있다.

이때 그의 생각은 과학과 예술이 도덕을 부패시켰다고 주장했다. 그래서 그 현상논문의 공모에서 일등상을 탔으며, 이때의 그의 구상이 나중의 '인간불평등 기원론'과 '에밀'의 전체적인 윤곽과 일치된 구상이라고 했다. 1750년 7월에 당선되어 그해 말에 책이 출판되었는데 그것이 '학문예술론'

이다.

루소는 '학문예술론'에서 낭만주의와 자연주의 사상을 제시하였다, 주지주의적인 이성철학과 합리론인 계몽주의를 비판하였다. 그래서 볼테르 같은 사람은 학생의 글짓기 같은 현상논문을 읽을 생각이 나지 않는다고 악평을 서슴지 않았다. 하여튼 '학문예술론'으로 인하여 루소의 명성은 높아갔고 파리는 온통 그에 대한 평판으로 술렁대었다.

1752년에는 희곡 '마을의 점장이'가 파리에서 상연되어 최고의 인기를 끌었으며, 국왕(루이 15세)의 하사금도 받을 수 있었으나 거절하였다. 그리고 이 희곡은 그가 죽을 때까지 수입원이 되었다.

1753년에는 '프랑스 음악에 대한 편지'를 발표하여 프랑스 고전음악을 반대하고 시민적인 이탈리아 음악을 찬미하였다.

또한 1753년에는 디죵 학술원의 현상논문인 '사람들 사이의 불평등의 기원은 무엇인가. 그것은 자연법에 의하여 정당화되는가, 그렇지 않은가'에서 사회비판과 독창성을 구사하였다. 그러나 이 논문은 비록 당선되지는 못했으나 이 논문이 출판되어 그의 유명한 '인간불평등 기원론'이 되었다.

1756년에는 그의 나이 44 세로 파리를 떠나 파리

근교 시골에서 생활하게 되는데 데피네 부인의 영지에 있는 작은 집을 그녀로부터 선처를 받아 거기에서 생활하였다. 이때 그의 심경을 "마침내 나의 소원이 전부 이루어졌다"며 시골 전원생활을 찬미했다. 그러나 이때 방문객이 많아서 '매력적인 고독'은 즐기기 어려웠다고 한다. 이때 방문객 중에는 데피네 부인의 4촌인 두테토 부인이 있었는데 그녀의 나이 26세 그때 루소의 나이는 45세였다. 그러나 루소는 그녀를 몹시 사랑하였다. "이번이야말로 참된 사랑이다. 이것이 전 생애의 최고의 유일한 사랑이다"라고 그의 '고백'에서 말하고 있는 것을 통해서도 알 수 있다.

루소가 두테토 부인을 사랑하고 있는 반면 데피네 부인이 루소를 사랑하는 관계가 된다. 그래서 끝내는 그 같은 사랑도 좋은 결실을 거두지 못하고 데피네 부인과 절교하고 에르미타쥬를 떠나 1757년에는 몽루이스에 있는 룩상부르그공의 집으로 옮겨갔다. 이 집에서 은둔생활을 하였다. 데피네 부인과의 단교는 그녀의 애인인 그림과의 절교가 되고 또 디드로 등 백과전서파와도 절연하는 계기가 되었다. 물론 나중에는 사상적인 차이나 갈등도 있었지만 그래서 볼테르는 루소를 걸식철학자라고 하였으며 유다와 같은 인물이라고도 하였다.

 그리고 다랑베르가 쓴 ‘제네바’에서 루소의 조국인 제네바를 문명의 악으로 표현한 것에 루소는 더욱 분노를 느꼈다. 이 같은 백과전서파와의 절연을 루소는 “혁명 나의 운명의 대혁명 나의 생애를 서로 다른 두개의 부분으로 쪼개 버린 파국”이라고 여겼다. 루소는 좌우명인 “진리를 위하여 생명을 바친다.”를 신조로 일관된 생활을 하였다. 어느 방문객이 루소를 철학자라고 불렀을 때 “나는 철학자가 아닙니다. 나는 한 사람의 선인(善人)일뿐이며 그 외 무엇도 되려 하지 않습니다”라고 말했다.

 몽루이즈에서의 은거와 고독한 생활 속에서 1758년부터 1761년 사이에 ‘신엘로이즈’ ‘에밀’ 그리고 ‘사회계약론’의 3대 저작이 계속 출판되는 수확을 거두었다. ‘신엘로이즈’(1751)는 두 테토 부인과의 사랑이 시작되기 전에 구상되어 사랑의 파탄과 거의 때를 같이 하여 출판되었다 이 책은 18세기 최고의 베스트셀러가 되어 40년 간 72판 인쇄가 되었을 정도이다. 이 소설은 평민의 청년 상푸루우과 귀족의 딸 쥴리와의 사랑을 그린 고백문학의 선구가 되었다. 그리고 ‘에밀’과 ‘사회계약론'은 동년인 1762년에 출판되어 인간의 자유·평등·주권재민 사상을 제시하고 근대민주주의 정신과 이념을 표방했다. 그리고 그 같은 이념은 '에밀'의 교육으로 이상과 실현에 기대하게 되는 것이었다.

1762년 루소는 사상가로서 지위가 확보되고, 양심 있는 지성인으로 추앙을 받게 되고, 수많은 신상 상담의 편지가 쇄도하기도 했지만 한편으로는 프랑스 정부로부터 루소 박해 체포령이 내려지고, 그의 책의 출판금지령이 내려지기도 하였다. 루소는 체포 소식을 듣고 "그들은 나의 생명을 빼앗을 수 있으나 나의 자유를 빼앗지는 못한다. 그들이 무슨 짓을 하든, 그들의 속박, 그들의 감옥 속에서도 나는 자유를 누릴 것이다"라고 하면서 피신하기를 거부하였다. 그러나 사회적으로 지위를 갖춘 그의 친구들이 자기들에게 화가 미칠 것을 두려워한 나머지 루소를 설득시켜 멀리 도망가게 하였다. 그래서 루소는 파리를 거쳐 리옹으로, 그리고 스위스 이페르동으로 옮긴 뒤 프러시아령 모티에르에서 생활하며 테레제로 옮겨와서 다소 안정된 생활을 하였다. 이때 그는 식물학(植物學)에 열중할 수 있었다고 한다.

나중에는 제네바 정부마저도 '에밀'과 '사회계

약론'의 출판금지령을 내리게 되었다. 이때 루소는 병이 재발하고 정신적 고통을 심하게 받게 되었다. 그래서 그는 자서전을 준비하며 유서를 쓰는 등 생의 마지막 준비를 서둘렀다. 1763년에는 제네바 시민권을 포기하게 되고 1764년에는 볼테르가 '시민의 감정'이란 글을 발표하여 루소가 자식을 버린 사실을 폭로하였다. 그래서 이제까지 호의를 보였던 마을의 목사가 민중들을 선동하여 루소를 공격하고 민중들과 더불어 루소가 살고 있는 집에 투석질을 했다. 루소는 민중에게서마저 배반당함을 느꼈다.

그는 1765년부터 '고백'을 쓰기 시작하였다. 이때 그는 자기변호의 필요를 느꼈음이 틀림없다. 그래서 루소는 상피엘 섬으로 옮겨가게 되었다 "민중의 증오의 광경은 내가 이젠 참을 수 없을 만큼 나의 마음을 갈기갈기 찢었다"고 술회했다. 민중에게서마저 버림받은 루소는 드디어 고독 속에서 유일의 낙을 찾기에 이르렀다. 그는 섬에 유폐시켜 줄 것을 당국에 탄원하였으나 당국은 루소의 퇴거명령을 내렸다.

1766년 루소는 영국의 철학자 흄의 초청으로 영국으로 갔다 그러나 흄 마저도 박해에 가담하였을 것이라는 판단을 하고 1767년에 정신이상이 되어 다시 파리로 돌아오고 말았다. 루소의 병이 더욱 악화된 것이다. "나는 나의 최후의 때가 준비되어지는 것을 느낀다. 만약 필요하다면 이쪽에서 최후의 순간을 찾아서 죽음이냐 아니면 자유냐의 결심을 하겠다. 이젠 중간이란 없을 것이다"라고 썼다. 파리에 돌아와 중농학자 미라보 백작의 성에 머무르면서 르노라는 가명으로 콩티 공이 빌려준 트리 성에 안주했다. 트리 성에서 숨어살면서 '음악사전'을 출판했다.

1768년 루소는 공포에 질려 트리 성을 떠나 부르겡으로 가서 1768년 8월 30일 테레제와 정식 결혼을 했다. 그래서 25년 간의 애착과 쾌락도 그리고 죄도 공유한 관계가 겨우 합법화되었다. "나는 다만 성의를 다하여 이번만큼 자유롭게 의무를 이행한 일은 없다"고 했다. 그리고 부르겡을 떠나 몽껭으로 갔다. 이때에도 방랑 중에 돈의 곤란을 당하고 부부가 함께 병을 얻고 고통을 당했다. 이때 루소 부부는 크게 싸워 이혼할 뻔 하였다. 그들에겐 함께 울고 함께 책임을 지지 않으면 안 될 과실이 있으므로 화해하였던 것이다.

방랑생활 중에서도 루소는 '고백'의 집필을 계

속 하였다. 1770년에는 루소의 본명을 다시 쓰기 시작했다. 몽껭을 떠나 다시 리옹으로 가서 극 '피그말리온'을 완성하여 상연하였다.

 그리고 다시 파리로 갔다 체포령은 여진히 취소되지 않은 상태였다. 그러나 경찰은 그를 못 본체 해 주었다. 다만 출판하지 않는다는 조건부였다. 방문객이 쇄도하고 가두에서 군중들에게 둘러싸이기도 하였다.

 1770년 '고백'을 완성하고 낭독회를 계획하였으니 경찰의 주의를 받고 중지되었다. 그는 더 이상 박해와 싸울 수 없고 늙고 지쳐서 순수한 은퇴로 고독의 즐거움으로 돌아가지 않을 수 없었다. "나는 방랑을 시작한 이래 8년 동안 사람들 사이에서 하나의 혼을 구하여 방황하였다. 이제 나는 아무것도 구하지 않겠다. 그리고 나의 등불은 꺼졌다"고 쓰고 있다.

 1771년 '폴란드 통치론'을 썼다. 1772년에는 '대화─루소는 장자크를 심판한다'를 집필하였고, 1776년부터는 '고독한 산보자의 꿈'을 쓰기 시작했다. "이렇게 나는 지상에서 혼자가 되어버렸다"고 시작하여 "이제 나는 모든 것을 체념하며 덕분에 또다시 마음의 평화를 찾게 되었다"

고 고백했다. 1777년 '제 9 산책'이 완성되었다. 1778년 '제 10 산책'이 미완성인 채 죽음이 가까이 옴을 느꼈는지 전원(田園)으로 돌아갈 것을 원했다. 5월22일 파리에서 약30km 떨어진 에르메농빌로 옮겨간 후 볼테르의 죽음을 듣고 중얼거렸다. "나의 존재는 그의 존재에 묶여져 있었다. 그는 죽었다. 내가 그의 뒤를 따를 날도 멀지 않을 것이다."라고 했다. 그리고 1778년 7월 2일 11시 장자크 루소는 숨을 거두었다.

단 한 사람의 임종자 테레제가 그의 죽음을 지켜보았다. 그의 시신은 에르메농빌에서 호수 속의 포플레르로 옮겨졌고, 나중에 다시 프랑스 국가 위인들이 묻혀 있는 팡테옹에 옮겨져 지금까지 잠들고 있다. 이래서 영원한 이상주의자요, "나는 선례가 없는 하나의 일 또 앞으로 절대로 그 모방자도 나타나지 않을 하나의 일을 시작하려고 하였다"는 그의 자서전인 '고백'에 쓴 말처럼 "나는 내가 본 어떠한 사람과도 같지 않게 만들어졌다고 나는 감이 믿고 있다"는 불가사의하면서도 친근감이 느껴지는 휴머니스트인 루소는 현대 사회와 정치·문학·교육·종교·예술·법률·도덕 속에 숨 쉬며 호흡하고 있는 것이다.

2. 자연주의사상에 있어서 교육의 본질

(1) 서론

루소는 정치·종교·교육 그리고 문학의 영역에서, 서구사상사적 입장에서 볼 때 깊은 변화의 원천이라고 할 수 있다. 또한 전통주의적 정지체제와 불합리한 사회제도를 거부하고 종교에 대해 비판을 제기했으며 반자연적이고 비인간적인 교육을 부정하였고 새로운 문화의 흐름을 창출하였다고 할 수 있다.

그렇기 때문에 괴테는 "볼테르와 더불어 한 시대가 끝나고, 루소와 더불어 또 한 시대가 시작되었다"고 하였다. 이 같은 그의 비판주의 정신과 창조적인 사상은 기존의 가치체계와 정치·사회 체제에 대해 일대 혁신을 염원하였던 것이다. 즉, 대파괴 이후의 재건과 완전한 개조가 그의 사상의 중심이지 부분적인 변화나 검진적인 개혁은 결코 아니었다.

따라서 루소 사상이 동시대인들뿐만 아니라 역사에 큰 의미를 갖게 된 것은 인간의 자유와 평등 그리고 사회정의에 대한 존중과 부정과 불합리에 대한 증오, 인간본래의 고결한 힘에 대한 절대적 신뢰라고 할 수 있다. 어떠한 억압과 질곡에서도 인간을 해방하고 인간성을 회복함으로써 우주의 모든 진리와 인간의 요구에 부응할 것을 소원했던 것이다. 그래서 그는 모든 과거와 전통 그리고 온갖 권위주의와 비이성적인 관습과 편견 그리고 오류에서 벗어나 새로운 질서와 가치체계를 요구한 면에서 볼 때 콩트의 검진적인 개혁도 아니요, 보수와 진보의 변증법적 발전을 시도한 페스탈로치의 입장과도 다른 유토피아적인 사상이 있었다.

그는 플라톤의 사상을 좋아하였고, 로크 사상과 깊은 연관을 갖게 된 것이다. 특히 플라톤의 '국가론'과 루소의 '에밀'과 '사회계약론'은 이 같은 맥락에서 높이 평가받고 있다. 따라서 루소의 사상이 프랑스 혁명을 일으킨 근원이 되었고, 민주주의 사상을 잉태시켰으며, 현대 산업사회와 대중사회의 발전을 가져오게 된 원동력이 된 것으로 볼 때 루소는 새로운 질서의 대변자이며, 구시대의 비판자로서 위치를 갖는다. 즉, 루소는 인간과 사회에 대한 혁명과 대전환의 사상가라고 할 수 있다. 적어도 전부가 아니면 전무의 개혁정신이었다.

　철저한 휴머니즘의 정신을 바탕으로 너무도 인간적인 것과 자연적인 것을 소원했으며. 자유와 평등 그리고 사회정의가 실현되는 도덕적인 이상사회의 건설과 주권재민의 민주적인 입헌정치의 새로운 인간과 새로운 사회를 이룩하기 위해서는 무엇보다도 루소는 플라톤처럼 그리고 페스탈로치처럼 교육에 의존하였던 것이다. 교육에 의해서 인간을 개조하고 그 인간에 의해 새로운 이상사회의 실천이 가능할 것으로 믿었다.

　그는 그의 대표적인 저작인 '인간불평등 기원론'에서 인류가 부패되는 과정을 제시하고 있으며 '사회계약론'을 통해서 정치가 부패되는 과정을 제시하며 '에밀'에서 개인의 비인간화·반자연화를 제시하면서 나아가 보다 나은 정치·사회 그리고 인간을 지향하고 있는 것이다.

　인간교육은 목적성취를 위한 수단적인 가치를 갖는다. 물론 루소는 인간이 도구가 되는 것을 가장 싫어했으며 교육의 가치도 절대적으로 신뢰하지 않았다는 것은 사실이다. 그는 교육 만능론자는 더욱이 아니다. 어쩌면 그에게서 교육은 필요악과 같은 성격을 띠게 된다. 그러나 인간의 역사가 부패와 타락의 역사 또는 악의 발전사라고 할 때 이 같은 상황을 요청하고 치료하기 위해서는, 즉 인간을 대수술 하고, 사회를 대수술해서 병을 고치기 위해서는. 새로운 인간과 사회를 형성할 수 있는 교육의 힘이 필요하다.

루소의 교육에 관한 저작으로는, '신엘로이즈' '폴란드 정부에 고함' 그리고 '에밀'이 있다. 여기서는 주로 '에밀'을 중심으로 살펴보고자 한다.

루소가 그 당시 전통주의 교육을 비판하고 새로운 교육이념과 원리를 제시했던 교육의 과제가 바로 오늘날 현대의 교육에 심각한 문제로 제기되고 있는 실정이다. 즉, 너무도 인간부재의 교육이라는 점이다. 사람들이 너무도 어린이를 모르고 있다고 본 것이다. 따라서 인간부재는 교육부재의 교육이 되고 있음을 비판하고 교육개조의 사상을 싹틔운 것이다. 여기에서 민주적이고 진보적인 교육사상이 비롯되어 현대교육의 근원이 된 것이다. 그러므로 현대교육의 문제를 파악하고 현대 민주교육의 근원을 이해하기 위해서는 먼저 루소 사상에서 출발하지 않을 수 없으며 특히 그의 유아와 아동에 관한 교육의 존중은 그의 교육사상의 중심을 이루고 있는 것이다.

루소에게서 비롯하여 비로소 인간이 발견되고 어린이가 발견되고 나아가 인간의 권리가 존중되었을 뿐만 아니라 어린이의 권리 또한 존중되게 된 것이다. 따라서 루소의 민주주의적 교육과 진보적 교육정신에서 아동중심의 교육인 현대교육으로 발전하게 된 것이다. 즉, 루소에서 페스탈로치, 헤르바르트, 프뢰벨을 거쳐 듀이에 의해 진보주의 교육이, 몬테소리에 의해 아동중심의 유아교육이 크게 발달하게 되었나는 점에서 교육사상의 이해를 위해서는 루소의 중심사상인 자연주의에 나타난 교육사상의 근본과 그 같은 사상의 철학적 기초를 이루고 있는 자연·종교 그리고 사회사상과 자유와 평등사상에 대하여 살펴보고자한다.

(2) 사상적 배경

대부분의 위대한 사상가나 철학자뿐만 아니라 아무리 독창적인 사람이라 할지라도 그 같은 독창적인 사상이나 업적이 결실을 거두게 된 것은 그들에게 영향을 끼친 스승이나 경험자가 있기 마련이며, 역사적이고 시대적인 사회적 상황과 밀접하게 관련이 된 산물이라 할 수 있다. 즉, 사상은 시대의 산물일 뿐만 아니라 여러 많은 사상을 선택적으로 수용하고 비판적으로 분석함으로써 자기의 고유한 창조적인 사상으로 발전된 것임에 틀림없다. 루소의 교육사상이나 사회사상 역시 이 같은 범주에서 벗어날 수 없다. 비록 아무리 독창적인 루소일지라도 예외는 아니다.

루소는 먼저 스파르타 찬미자로서 7세 때 '플루타르코스 영웅전'을 읽고 큰 영향을 받았으며 더욱이 리쿠르고스 생활을 높이 평가했던 것이다. 로시는 말하기를 루소 이념의 근원은 스토아 학파와 특히 세네카에게서 대부분 영향 받은 것이다. 반면에 그의 정치조직에 대한 사상은 고대 폴리스의 이념으로 돌아간다고 하였다. 더욱이 스파르타 교육의 철저한 신체단련과 힘의 교육에 의해 정신력의 발달과 인격의 형성, 즉 심신조화의 교육은 그에게 시사한 바 크다고 하겠다. 그리고 플라톤과 아리스토텔레스 사상에 깊은 영향을 받았는데 특히 플라톤 사상에서 루소는 큰 감명을 받았으며 두 사상가에게서는 유사성이 발견된다.

플라메나츠의 견해를 들어보면 플라톤과 루소 간에는 명백한 유사성이 있고 루소가 얼마나 플라톤을 존경했는가를 알 수 있다. 비록 루소가 플라톤은 존경했지만 차이는 있다. 플라톤은 영혼은 좋은 질서에 자리 잡고 있고 이성이 정열을 통제할 때 정의가 발달한다고 믿었다. 그러나 루소는 가끔 플라톤의 정식을 사용했지만 실제로 크게 신뢰하지는 않았다. 루소는 결국 플라톤 사상에 영향을 받았지만 그대로 수용한 것이 아니고 선택적으로 긍정했으며 거부한 면도 많이 있다. 즉, 두 사상가에게서 일치되는 사상은 두 사람 모두 이상적인 사회와 사회정의의 실현을 지향한 유토피아적인 사상의 특징을 갖고 있고 따라서 기존의 정치현실과 사회 체제를 비판했으며 현실에 대한 가치를 낮게 두어 불완전하고 일시적이고 악이 가득찬 세계라고 인정하면서 부정적인 현실감과 현상의 세계를 모순에 찬 세계로 간주하였다.

이 같은 입장에서 교육을 수단으로, 무가치한 현실을 이상적인 가치의 세계로의 지향이 가능할 수 있다고 본 것은 공통점이라 할 수 있다. 또한 교육에 있어서 지적인 가치 못지않게 정의적 교육을 존중한다. 그래서 플라톤은 음악과 체육을 중요시하였으며 선미한 인간의 형성과 심신의 조화 균형의 교육은 강조한 점 그리고 발달단계에 적합한 교육의 제시는 루소에 깊은 연관을 맺고 있다.

그러나 또한 상이한 변도 발견할 수 있다. 즉, 플라톤은 지(知)와 덕(德)의 일치사상에서 덕의 실천은 지식에 의해 가능하다는 입장이다. 즉, 이성에 대해 높은 가치를 두고 이성의 통제 하에 의지와 감성을 둠으로써 사회정의가 실현되고 유덕한 인간이 된다고 보았다. 반면에 감성을 크게 신뢰하지 않았으며 도리어 인간의 덕성은 실현하는 데 장애요인으로 본 것이다.

그러나 루소는 이성에 대해 높은 가치를 두지 않았으며 도리어 감성을 더욱 더 신뢰하였으며 지덕은 일치하지 않는다고 했다. 즉, 지식의 소유가 선생에는 크게 도움이 되지 못한다는 입장이었다. 그리고 플라톤은 통제를 사랑했으며 계급사회를 긍정했으나 루소는 통제가 시민을 유덕하게 하기는커녕 인간성을 억압하고 자연성을 침해하는 것으로 보았다. 그리고 계급사회보다 평등한 사회를 존중한 것이다.

플라톤은 귀족계급의 존재를 긍정했으나 루소는 오히려 그 같은 상류계급은 부패와 타락의 상징으로 여기고 농민과 생산자 계급에 찬사를 보냈다. 루소에게는 어떠한 사람도 통치자에게 종속되지 않으며 모든 사람은 친구이며 동료로서 모든 공동체가 완전히 역할이 분담되어 있는 평등한 사회이다.

교육에 있어서 플라톤은 천재와 영웅을 숭배하는 귀족주의적인 차별교육과 엘리트 교육을 내세운 반면 루소는 천재보다도 평범한 인간을 보다 더 존중하며 엘리트 교육이 아닌 대중교육을, 차별교육이 아닌 평등하고 민주적인 교육을 주장했다. 또한 플라톤은 사유재산 제도를 부정하는 공산주의적 입장을 취했으나 루소는 사유재산 제도를 인정했다. 다만 지나친 재산의 소유나 부의 편재만을 죄악시하는 입장이다.

어떠한 시민도 다른 사람을 살 수 있을 정도로 부유하지 않으며 또 어떠한 시민도 자기를 팔아야 할 만큼 가난하지 않은 평등한 사회를 지향했다. 그래서 그는 아무에게도 예속되지 않고 아무도 지배하지 않는 자유로운 독립자형의 농민을 중요시한다.

또한 루소는 아리스토텔레스의 사상에서 그의 자연과 교육에 관한 이념의 근원을 찾을 수 있다. 특히 그의 실재론 입장은 아리스토텔레스에게까지 거슬러 올라간다. 또한 스토아 학파에게서 루소의 자연·종교·도덕에 관한 견해에서 영향 받은 면을 발견할 수 있다. 앞에서 이야기 한 로슈의 지적에서 알 수 있으며, 그리고 우주를 지배하는 합리적 원리에 관한 그의 견해를 루소는 스토아 학파에게서 배웠다는 러스크의 지적에서도 그러하다. 또한 러스크는 루소가 스토아 학파와 칸트의 교량역할을 한다고 지적하고 있다. '에밀'이 개별적인 교육에 관한 것이 아니라, 실제로 우주적인 보편법칙을 제안한 것이라 미루어 볼 때 루소는 분명히 스토아 학파의 사상에서 많은 영향을 받고 있음이 틀림없다.

다음으로 루소가 크게 영향을 받은 사상은 계몽주의 사조라고 할 수 있다. 더욱이 그의 정치사상과 교육사상은 특히 로크와 코메니우스이고 흄과 홉스를 비롯한 감각적 경험주의 라고 할 수 있다. 그 중에서 루소의 '에밀'은 로크의 교육론과 매우 흡사하다. "나는 젊은 신사를 교육하는 것을 존경하지 않는다"는 말에서 두 사람의 관계를 알 수 있으며 루소의 정치적 견해는 로크 사상의 발전이고 그의 초기의 교육관 역시 로크의 영향에 크게 힘입었다는 것이다.

지금까지 살펴보았듯이 루소는 모든 지식은 감각적 경험에 의해서 성립한다고 하였으며 교육에서 경험과 직관의 중요성은 이 같은 경험주의자들과 깊은 교류에서 영향을 받은 것으로 볼 수 있다.

루소는 결국 18세기 철학자이고 파스칼과 흄의 프랑스 제자들로부터 배워서 이성만이 인간을 행동으로 이끌 수 없다고 배웠다는 것이다. 코메니우스와 마찬가지로 루소 역시 "우리는 감각을 가지고 이 세상에 태어났다. 그리고 태어나면서부터 주위에 의해 자극된다. 자신의 감각을 의식하게 되면서 감각의 대상을 구하기도 하고 멀리하기도 한다"는 입장이다. 따라서 코메니우스의 자연과 루소의 자연사상이 한 사람은 객관적 자연주의로 또 한 사람은 주관적 자연주의자로 분류되기는 하지만 상호 공통점을 갖고 있다. 더욱이 코메니우스의 민주적 교육이념과 인간발달 단계에 의한 교육의 제시는 루소에게 많은 시사를 준 것임에 틀림없다.

또한 로크의 영향을 받았으면서 비슷한 사상적 위치에 있는 엘비시우스나 콩디약 역시 로크의 감각 심리학을 교육과 사회적으로 결합시켰던 것이다. 즉, 감각경험이 인간정신과 그 정신의 기능을 형성하는 기초라고 믿었으며 이 같은 감각은 모든 사람에게 공통적이므로 따라서 모든 사람은 평등하다는 것이다.

계몽주의 사상가들과 루소의 사상적 상호교류를 알 수 있으며 또한 루소에게는 반계몽적 입장도 찾을 수 있다. 즉, 계몽주의자들은 이성에 대한 신뢰에서 종교를 비판했다. 그러나 루소는 그 같은 이성도 종교와 함께 비판했던 것이다. 또한 계몽 사상가들은 이성은 감성 없이는 불모에 지나지 않는다고 본 것이다. 이렇게 해서 루소에게서 반주지주의와 반이성주의적 경향이 강조되기 시작했다. 여기에서 루소의 주정주의적(主情主義的)사상은 문학적 감정으로 발전하여 낭만주의와 사회주의사상의 태동의 계기가 된 것이다.

(3) 교육사상의 기저

루소의 교육사상의 기저를 이루고 있는 사상은 자연·인간·종교 그리고 사회로 요약할 수 있다. 이 같은 사상은 별개로 형성되고 발전된 것이 아니고 유기적으로 상호연관을 맺고 있다. 그러면 그의 사상적 기저를 차례대로 살펴보기로 하자.

1) 자연사상

루소의 자연에 대한 의미는 다의적(多義的)이라 할 수 있다. 그래서 연구자의 시각에 따라서 자연의 개념을 두 항목 혹은 세 항목 혹은 여러 항목으로 분석하고 있음을 알 수 있다. 그만큼 루소에게서 자연사상은 그의 사상의 중심이며, 종합적인 성격을 갖는 것이다. 자연사상에서 출발하여 그의 인간과 종교 나아가 사회와 교육사상이 근원된다 할 수 있다.

자연에 대한 일반적인 개념은 형이상학적인 의미를 갖고 있다. 즉, 완전히 질서 있는 우주창조의 전체, 그것을 다스리는 법칙, 행동의 목표가 자연이라고 할 수 있다. 이것을 좀 더 정확히 표현하면 자연이란 첫째 근원, 둘째 존재의 본질을 의미한다.

아리스토텔레스는 정의를 인용하기를 존재 자체를 발견하도록 하는 것이 운동의 원리이다. 아리스토텔레스는 "자연이란 본유적 발달의 잠재성이고 이 잠재성의 실현이 자연이다"라고 하였다. 여기에서 잠재성이란 곧 선천적이고 태어날 때부터 가지고 있는 것이다. 그러므로 아리스토텔레스의 입장에서 자연이란 만상(萬象)의 운동의 원리로서 선천적인 잠재성이며, 이 잠재성의 실현이 자연이라는 정적

의미와 동적 의미가 이중적으로 복합되어 있음을
알 수 있다.

또한 아리스토텔레스의 자연은 신이며, 이성의 의
미를 갖는다. 이 같은 입장에서 보면 신성(神性)
·이성·자연은 일치한다고 볼 때 여기에서 스토아
적 자연사상을 알 수 있다. 스토아 학파에서 자연은
신이며, 신은 이성인 것이다. 그러나 루소의 자연은
스토아적 자연보다는 아리스토텔레스의 자연에 보
다 더 접근하게 된다. 자연과 신의 일치로서 신, 즉
자연이며, 자연은 곧 신인 셈이다. 따라서 자연이란
우주의 궁극적 원리이며, 존재의 본질이라는 이상
주의적 자연사상을 발견하게 된다.

루소의 자연은 아리스토텔레스가 말한 자연과 동
일한 의미로서 우리의 통제를 초월해 있다. 어떤 사
람은 자연에 의해 선(善)하게 되고 또 어떤 사람은
습관에 의해 선하게 되고 또는 교육에 의해 선하게
된다고 했다. 자연은 우리의 권력 안에 있는 것이
아니고 어떤 신적(神的)인 원인에 의하여 주어진
어떤 것이라고 할 수 있다.

지금까지 논한 루소의 자연사상에는 다분히 객관
적이고 종교적인, 그러면서도 형이상학적인 자연의
의미가 제시되어 있다. 루소에게서 자연이란 생동

하는 어떤 것이며, 모든 질료(質料)에 파급되어 있는 보편적 정신, 생활의 주인, 모든 운동과 생활의 조정자라고 할 수 있다.

다음은 루소 자연사상의 주관적인 면을 살펴보면 그의 자연은 인간심성의 자연, 인간의 자연이다. 따라서 루소의 주관적 자연은 인간, 즉 자연이며, 자연인이 되는 것이다. 이것이 바로 인간의 본래의 모습이며, 자연의 근원적 성질이다. 루소 교육사상에서는 객관적인 자연의 면보다 주관적인 인간자연 혹은 자연인의 성격이 중심사상을 이루고 있다. 인간의 자연성이므로 정적인 것이 아니라 형성되는 과정에 의해서 발달하는 동적 자연이라는 의미로서 인간의 자연은 주어진 것이 아니라 내면에서 스스로 발달해가는 자연이다.

루소의 자연은 가치부여로써 본질적인 선이며 인간이 자연을 따르는 것을 배울 수 있다면 인류의 행복은 가능하다고 여겼다. 루소의 자연은 인간, 즉 자연이며, 자연인이기 때문에 인간의 본성이 선인 것처럼 자연의 본성 또한 선이다. 자연의 첫 운동은 언제나 옳음뿐이다. 인간의 마음에 악이 스며드는 것은 자연적이 아닌 데서 온다. 그러므로 자연은 선이며, 반자연(半自然)이나 비자연(非自然)은 곧 사회이며 악인 셈이다.

자연은 우리 자신을 유덕하고 행복하게 하는 데 필요한 모든 힘을 주었고 궁극적으로는 신에 관해 알 수 있는 모든 것을 우리에게 나타내 주었다. 그것은 우리의 모든 목적을 위해 충분한 것이다. 자연은 이처럼 본질적으로 선일뿐만 아니라 또한 선을 지향해 가는 원동력이며, 가능성이고, 가치의 총체이다.

자연은 결코 우리를 기만하지 아니한다. 우리를 기만하는 것은 우리 자신이다. 따라서 자연인은 자유와 평등과 선의 가능성을 태어날 때부터 갖고 있다. 자연인은 기존 사회질서에 물들지 않고 스스로 발전하면서 무한한 가치를 지닌 사람이다. 그러므로 교육에서 지향하는 목표는 자연인의 형성이며, 사회에 의해 부패되지 않고 저항하는 용기와 힘을 지닌 인간이다. 그래서 자연인의 회복이 교육에서 추구하는 이념이 된다. 자연인은 곧 주체적 인간, 이상 사회를 이념으로 삼는 목표 지향적 인간, 강한 선의지(善意志)를 실현하는 인간이라 할 수 있다.

루소는 존재 가능한 상태를 세 가지로 생각한다. 그것은 자연의 상태와 사회의 상태이다. 그 같은 상태의 변화는 인간의 본래적인 허약성과 인간욕구에서 비롯된다. 엄밀하게 말하면 자연과 사회의 이원적 상태를 제시하고 있으나 이 같은 두 세계와 질서는 갈등과 분열 그리고 대립의 성격을 갖고 있다. 그래서 루소의 이상 사회는 두 세계가 통합 발전된 상태를 지향하게 된다. 이것이 제 3의 상태가 될 것이다.

그의 자연 상태란 인간의 근원적이고 본래의 상태로서 모든 사람은 자유롭고 평등하며 어떠한 통제도 없다. 그러나 고독한 상태로서 사회제도도 정부도 가족도 재산도 없다. 사회적 관습도 없다. 아무런 구속의 필요도 없다. 모든 것은 평화롭고 조화가 이루어져 있고 인간은 자기 충족적이나 인간을 동기 지우는 것은 오직 자기애와 연민의 감정이다. 본능만이 인간의 안내자이다. 누구에게 의존하지 않는 독립과 자주자립의 상태이다. 인간의 유일의 목적은 고통과 죽음에서 자신을 보존하는 일이며, 자기 보존의 본능에 의해 지배될 뿐이다. 그러므로 루소의 자연 상태는 인간에게서 도덕적인 것도 비도덕적인 것도 아니다. 오히려 초 도덕적이라 할 수 있다. "여기 이 같은 자연 상태가 인간의 행복의 상태이다. 즉, 자연 상태는 선(善)과 정의가 실현되고 모든 사람은 자유와 평등의 상태에 있으며 따라서 가장 행복한 상태이다"라고 루소는 말했다.

루소의 교육은 자연에 일치하는 교육이며, 자연 상태에게로의 회복과 자연 상태의 보존이 그의 교육 사상의 이상이 되는 것이다. "자연은 알고 자연에 조화해서 교수하어라. 그것이 교육의 제일법칙이다. 자연의 책에는 우리가 요구하는 모든 학과가 있다. 다른 모든 학과는 공허할 뿐이다. 자연을 읽는 사람은 참다운 겸양을 배울 것이다"라고 하였다.

우리는 세 교사에게 교육을 받고 있다. 즉, 자연·인간·사물이다. 이 중에서 가장 훌륭한 교사는 자연이라는 교사이다. 인간은 자연의 제자인 셈이다.

루소의 "자연을 따르라"는 그의 지도 이념이다. 자연은 인간을 활동하도록 하고 강하게 단련시키고 슬픔과 고통에 익숙토록 한다. 그래서 자연보다 더 좋은 교사가 없다고 생각하는 것이다.

자연에 일치하는 합자연주의 교육이란 루소의 주정주의 사상에서 비롯되는 사상으로서 아동의 내재적 경향성에 대한 자발적인 발달이다. 그러므로 태어날 때부터 가지고 있는 선천적 경향성에 대한 존중이다. 또한 자연에 일치하는 교육이란 비간섭주의 교육이다. 따라서 소극적인 교육이며 사회적 질곡과 편견으로부터 벗어나는 교육이다. 그리고 자연에 일치하는 교육이란 양심의 명령에 복종하는 교육이다. 이것은 보다 적극적 의미의 교육으로 우주의 원리에 일치하고 신의 섭리에 따르는 교육이며, 자기를 기만하지 않고 오직 양심과 이성 그리고 자기의 순수한 감정에 충실한 교육을 의미한다.

부패하고 사악해지는 것은 자연에 반하는 행위라고 본다. 자연은 비약이 없고, 질서가 있고, 거짓이 없기 때문에 합자연의 교육도 이 같은 자연법칙에 일치하는 교육이다. 곧 자연의 교육은 서서히 점진적으로 행하여지는데 인간의 교육은 언제나 한걸음 앞선다. 전자의 경우는 감각이 상상력을 일깨우고 후자의 경우는 상상력이 감각을 일깨운다고 했으며 자연의 과정은 보다 점진적이고 완만하다. 조금씩 피가 뜨거워지고 재능이 발달하며 성격이 형성된다는 것이다.

이상에서 루소의 자연사상은 그의 사상의 중심으로서 모든 것의 근원이며 본질이며 운동의 원동력이라는 점에서 선, 즉 자연이라는 객관적인 자연사상과, 인간심성의 자연으로서 인간, 즉 자연이요, 선 즉 자연이요, 자연은 곧 선이요 자유·평등·정의의 속성을 지닌 자연인 주관적 자연사상이 이중구조를 이루고 있으나 교육사상적 입장에서는 어디까지나 주관적 자연사상에 의존하고 있다. 그래서 루소 교육의 이념도 자연인의 형성, 자연인의 회복이라 할 수 있다.

2) 인간사상

인간의 권리를 존중하고 인간성을 어떠한 권위와 권역에 대해서 옹호하고 인간의 인간다움을 실현하는 데 열렬했으며, 비인간적이고 인간의 상실과 인간의 권리가 부당하게 억압되고 침해되는 상황에 대해 누구보다도 저항적이고 비관적이었던 사람이 루소이다. 그래서 그의 저작 '에밀'을 통해 어떻게 해서 인간이 부패되고 타락해 가는가를 분석하면서 무엇으로 어떻게 인간의 권리가 존중되고, 인간이 모든 억압에서 해방되고, 인간본래의 자유와 평등 그리고 사회정의가 회복되고 실천될 수 있을 것인가를 교육에 의해 추구하고 있다. 이것은 그가 얼마나 철저한 인간주의 사상을 가졌는가를 말해주는 것이다.

그는 무엇보다 모든 사람에게 가장 중요한 일은 인간이 되는 일이라고 말했다. 진실되고 참다운 인간의 형성이 교육의 목표일 뿐만 아니라 모든 사회·정치·문화도 이 같은 목표 성취에 공헌해야한다는 것이다.

자연은 아동에게 먼저 인간이 되기를 요구한다. 생존한다는 것이야말로 내가 그에게 가르치려고 하는 직업이라고 루소 자신이 말한다. 인간은 너무도 고상한 존재여서 타인을 위한 단순한 도구나 수단으로서 봉사할 아무런 이유가 없다는 것이다. 특히 그는 서민대중은 상류계급이나. 귀족의 욕구충족을 위한 도구로서 봉사하는 사회체제를 비판하였다. 어느 누구도 다른 사람을 지배할 권리를 갖고 태어나지는 않았으며 누구도 타인에게 복종할 의무는 없는 것이다. 모든 부패와 악은 이같이 인간을 수단화하고 인간이 인간을 지배하고 또한 지배하고자하는 데 그 원인이 있다는 것이다. 자연의 질서에따라 모든 인간은 평등하다. 인간의 공통적인 직업은 인간성이란 직업이다. 그는 생도들이 군인·변호사·목사가 되는 것에 대해선 별 관심이 없다. 자연이 우리에게 인간다운 생활을 하도록 운명 지워놓았다는 것이다. 그는 사회적 지위나 계급에 의한인간을 죄악시하는 경향이 있다.

루소는 인간의 본성, 즉 인간의 자연성은 선하다고보았다. 이 같은 성선설의 입장은 기독교적인 입장에 대한 비판을 담고 있다. 모든 사람은 원죄를 갖고 태어났다. 오직 신의 은총에 의해서 구원에 의해서만 원죄에서 벗어날 수 있다. 인간은 근원적으로 약하게 여기는 전통직인 인간관과 기독교에 대해서 부정하고, 창조주의 손에서 나올 때는 모든 것이 선하던 것이 인간의 손에서 모든 것은 악하게 되어 버렸다고 하였다.

신은 인간을 선하게 창조했다. 그래서 인간의 최초의 충동은 선이며 자연적 흥미 역시 선하다. 기독교가 믿고 있는 악이 아니라고 하였다. 본래의 상태, 있는 그대로가 선이라고 했다 인간의 마음에는 원래부터 악은 없으므로 들어오는 것을 막는 한 악은 없다. 악의 전체 문제는 악의 출입구를 막는 단순한 과정에 의해서 해결된다고 보았으며 만약 악의 출입을 막을 수 있다면 자연의 조화는 내면 스스로 확증되고 외적 세계에서 배운 학문은 선하게 될 것이고 인간은 유덕하고 행복해질 것이라고 믿었다.

모든 것을 가장 착하게 마련해 준 자연은 최초에는 인간을 그와 같은 상태에 두었던 것이다. 자연은 처음에는 인간에게 자기보존을 위해서 필요한 욕망과 그것을 충족시키는 능력밖에 주지 않았다. 그외의 모든 것은 필요에 따라서 끄집어 낼 수 있도록 정신의 한 구석에 감추어 두었던 것이다.

그러면 무엇이 인간을 악하게 하는가의 문제가 제기된다. 그것은 여러 가지 원인에 의해 악의 동기가된다. 먼저 인간은 출생과 함께 욕망을 갖고 태어났다. 그 같은 욕망의 관리가 욕망과 자기능력의 부조화와 갈등에서 악의 동기가 생기게 된다. 그리고 인간은 너무도 강하지 못하고 연약하게 태어났다. 모든 악은 그 같은 허약에서 비롯된다. 따라서 인간이악화되지 않으려면 먼저 자신을 강하게 해야만 한다고 루소는 주장했다.

인간은 출생하면서부터 욕망을 가지고 태어난다.그렇기 때문에 유아는 출생 즉시 어머니를 필요로한다. 이때 어머니들이 그들의 의무를 스스로 실행하려고 하면 더욱 좋다. 또 인간은 태어날 때부터사물을 배울 능력을 갖고 태어난다. 그러나 아무것도 인식 못하고 아무것도 알지 못한다. 영혼은 불완전한 미완성의 국방부 직할부대 및 기관 속에 갇히어서 자기 자신의 존재조차도 깨닫지 못하고 있다고 인간존재의 불완전성과 미완성 그리고 허약성을말하고 있다. 이 같은 인간의 결함이 결국에는 자신을 사악하게 하고 타인을 기만하는 것이 된다. 인간이 본질적으로 선하게 되려면 욕구가 적어야 하며 자기를 되도록 타인과 비교하지 않아야 한다. 반대로 인간을 근본적으로 악하게 하는 것은 욕구가 많고 타인의 의견에 집착하는 데 그 원인이 있다고 하였다.

루소 사상에는 진화론적인 면이 있다. 즉, 자연 상태는 항존(恒存)의 상태가 아니다. 모든 것은 변화한다는 것을 인정한다. 여기에 변화가 일어나므로 사회적 상태에로의 이행이 일어난다. 그는 변화에 대하여 가치를 인정하지는 않으나 변화를 수용하는 입장이다. 인간은 인간의 본성에서 연유하며 사회와 환경이 항상 변화한다는 것이다. 무엇이든지 자연이 만든 그대로 두려고 하지 않는다. 인간 자신마저도 자연 그대로 두지 않으려 한다고 한 점이 이를 밑받침하고 있다. 도리어 인간은 변화를 즐기고 있으며 그것이 지나쳐서 왜곡이나 정도가 아닌 비정도를 더 추구하는 경향성마저 있다고 하였다. 이 같은 변화와 왜곡의 심리가 악을 발생시키는 원인이 될 수 있다. 그 같은 심리 역시 인간본성의 허약과 불완전에서 기인하는 것이다.

우리인간은 처음부터 연약하게 태어났기 때문에 강하게 할 필요가 있으며 아무것도 가지지 않고 태어났기 때문에 도움을 필요로 한다. 아무것도 알지 못하고 태어났기 때문에 이성을 필요로 한다. 여기에서 악의 동기와 함께 교육의 필요성이 자연히 귀결된다. 그러면 변화를 예방할 수 있고 선성을 보존할 수 있는 것이다. 또 무엇이 인간을 악하게 하는가? 인간은 근원적인 열정이 있다. 그것은 자기애와 연민이다. 여기에서 모든 덕과 악덕이 발생한다고 그는 말한다.

자기애는 인간을 생명력 있게 하고 건강하게 하며 자연적인 것이고 모든 사회적 열정의 모체라고 한다. 그러므로 자기애와 연민은 항상 선(善)이다. 이것은 인간의 자연적 열정으로 자기보존의 본능에 충실하게 되고 도덕적 성장의 기초가 된다. 따라서 인간의 자연과 인간정신의 근원인 자기애와 연민의 감정에 의해서 도덕도 타인에 대한 사랑·관심·비교·감사·동정의 감정이 파생되는 모형적 본성을 갖고 있다.

아동의 최초의 감정은 자기애의 감정이다. 이 감정에서 제 2의 감정은 최초의 감정에서 파생하는 감정으로 자기 주위에 있는 사람에 대한 사랑이다. 또한 자기애는 항상 선이다. 그리고 항상 자연의 질서에 따른다. 사람은 누구나 자기보존의 의무가 있으므로 각자에게 제일가는 가장 중요한 배려는 끊임없이 자기를 지키는 데 있다. 그러므로 자기를 보존하기 위해서는 자기 자신을 사랑해야 한다. 다른 무엇보다도 자기 자신을 사랑해야 한다고 루소는 말했는데 이 같은 자기애의 자연직 감정이 제2의 파생된 감정, 즉 타인에 대한 사랑과 관심·비교에서 감정의 변화가 일어나게 된다. 환언하면 자연적 감정에서 비자연적 감정으로 변화하고 그러면서 인간적인 것으로의 확대가 이루어지고 사회적인 관계가 발전 한다.

이 같은 파생체에서 자기애는 삶을 풍성하게 하고 인간의 행복감을 증진시키는 원동력이 되는데 타인에의 사랑과 동정·연민의 감정으로 발전하면서 참다운 이타심이 나중에는 이기심을 낳게 된다는 것이다. 또한 이 같은 파생체에서 인간의 만족할 줄 모르는 욕구는 허영의 심리와 타인에 대한 호기심을 유발한다는 것이다. 허영은 언제나 악성을 갖고 있어서 다른 사람들이 항상 자신을 칭찬해 주기를 바라고 인정해 주기를 바라는 욕구이다.

허영은 항상 자신과 타인을 비교하고 만족을 모르며 결코 만족을 느끼지 못하게 된다. 허영에서 증오와 분노의 정열이 나온다. 허영은 인간을 노예로 만들고 인간을 자만심에 빠지도록 하고 자신의 평안과 행복을 파괴하는 야망을 갖게 한다. 이웃과 경쟁하도록 하고 이웃과 적이 되도록 한다. 끊임없이 인간을 구속한다. 이 같은 허영의 정열에서 질투·오만·부러움·증오·복수심·경쟁의 상태로 인간을 끌고 간다. 이 같은 심리가 악(惡)을 발생시킨다. 또한 이 심리는 인간성의 허약에서 비롯된다.

호기심은 교육적 가치를 지닌 인간의 탐구욕을 일으키는 긍정적인 성격도 있으나 호기심은 새로운 욕구를 생각하도록 자극을 준다. 이 같은 욕구가 자신의 힘으로써는 성취될 수 없을 때 타인에 의존하고 따라서 사회의 평등은 깨어지고 소수는 다수를 지배하고 또는 복종하는 현상을 유발한다. 이것이 모든 악덕의 근원으로 발전한다.

무엇이 인간을 악하게 하는가? 자기애, 즉 자기에 대한 사랑은 자아의식을 발달시킨다. 비록 자기애가 자신에 대해서 또 우리 모두에게 대해서도 선하고 유용한 것이나, 초 도덕적(超道德的)인 면도 갖고 있다. 즉, 자신을 알게 되고 자신을 깨닫는다. 무지하고 순진하고 가난한 상태로 머물러 있도록 하지 않는다. 그래서 이성이 발달하게 되고 자아의식이 발달하고 생각하게 된다. 욕구가 점점 증대되어 가는 것도 이 같은 감정에서 비롯된다.

우리의 정열은 우리의 보존을 위한 중요한 수단이다. 그러므로 그 정열을 없애려는 것은 우스운 일이며 헛된 노력이다. 이것은 자연을 억압하는 일이며 신이 창조 한 것을 뜯어고치는 일이다. 정열의 원천은 자연이다. 그것은 사실이다. 그러나 그 원천은 다른 많은 경향성 때문에 크게 불어난다. 그 흐름은 점점 증대되어 큰 강을 이룬다.

그러면 왜 자기 의식의 발달과 이성의 발달이 악의 근원인가. 그것은 인간의 자만심을 자극하게 되고 남보다 자기가 우수하다고 생각하면서 지배와 복종을 낳게 된다. 이것이 인간부패의 시작이라고 루소는 여긴다. 이성은 인간파면의 원인이라는 것이다. 인간의 순진함과 행복의 근원적 상태는 그의 이성에 의해서 파괴되어 간다.

합리성은 도덕적 비행과 모든 비참의 원인이 되었고 행복의 동산에서 그를 추방하고 저주의 상태에 놓이게 된 제 1차적 죄를 낳았다는 것이다. 그래서 루소는 그의 '학문예술론'에서 "전능하신 신이여, 당신의 손으로 인간의 마을을 어루만져 주소서. 우리 선조가 남겨준 운명의 예술과 학문에서 우리를 구하여 주소서. 우리로 하여금 무지·순진함·가난함으로 돌려보내주어 우리를 행복하게, 당신의 눈에 비친 값진 것이 되게 하소서"하고 소원하였음을 알 수 있다.

루소가 이성보다 감성을 존중한 것은 사실이나 그렇다고 이성의 기능을 부정한 것은 아니다. 다만 이성의 기능은 이기적이고 냉소적이고 대중의 인간성에 대해 경멸적이라는 것이다. 이성 단독에만 기초해서 덕성의 수립을 시도하는 것은 헛된 일이라고 하였다. 그는 "나는 생각하기에 앞서 느낀다. 이것은 인간의 공통된 운명이다"라고 하였다. 이 같은 감성존중은 계몽주의가 모든 가치를 이성에 두고 감성을 무시하고 이성을 너무 신뢰한 데서 비롯된다고 볼 수 있다.

발달상으로 보면 감성이 먼저 발달하고 이성이 늦게 발달하며 결코 감성과 이성이 공존하는 것이 아니라 이성은 감성에 눌려 자연히 감성이 우위를 차지하게 된다는 것이다. 그래서 그는 감성에 바탕을 둔 도덕적 사회건설을 지향하였다. 이성이 감성을 지배하는데 위험이 따르고 과오가 생기고 비인간화가 이루어지게 된다는 것이다. 이성의 발달에 의한 주지주의는 본질상 귀족적이다. 비교적 소수만이 지성을 소유한다. 주정주의는 본질상 민주적이다. 모든 사람은 감성을 소유하고 있다. 그래서 이성은 귀족적이고 감성은 민주적이기 때문에 민주적인 감성이 더욱 존중되는 것이다. 이와 함께 인간을 정신과 신체의 이원적 존재로 볼 때 감성과 신체를 이성과 정신의 관계로 보았으며 정신보다 신체의 발달이 선행된다고 하였다. 그렇다고 이성과 감성의 관계처럼 신체의 가치를 정신보다 높게 두는 것은 결코 아니다.

로크의 견해처럼 신체가 건강해야 정신도 건강하고 따라서 악에 유혹되지 않고 도덕을 실현할 수 있다는 것이다. 신체가 정신의 명령에 따르도록 하기 위해서는 신체는 건강해야 된다는 것이다. 신체가 허약하면 할수록 신체는 명령을 하고 강하면 강할수록 신체는 복종한다. 모든 신체적 정욕은 허약한 신체에서 생기는 것이다. 허약한 신체가 허약한 정신을 낳는다고 하였다. 그래서 루소는 언제나 신체의 단련과 강한 체력을 덕성의 근본으로 삼았고 부패와 타락을 극복하는 원동력으로 보았던 것이다.

따라서 유아와 아동 그리고 소년에게는 먼저 신체단련을 중심으로 하고 신체와 감각의 발달을 존중한다. 이 시기는 인간이 자신을 육체적 존재로서만 자기를 알고 있는 동안은 자기 자신과 사물과의 관계에 의해서만 자기를 연구하면 된다. 이것은 소년기까지의 일이다. 그러나 도덕적 존재로서 자기를 느끼기 시작하면 인간과의 관계에 의해서 자기를 연구해야 한다. 이것은 전생애를 통한 일이라고 하였다.

이상에서 논한 루소의 인간관을 요약하면 인간자연성은 선이다. 이 같은 선성(善性)은 자연의 상태에서 뿐이고 도덕 이전의 상태가 된다. 인간본성은 근본적으로 미완성이고 불완전하고 허약하기 때문에 쉽게 부패하고 타락하기 쉽다. 그런데 무엇이 인간을 그렇게 부패시키는가. 그것은 인간의 욕망과 능력 혹은 힘의 갈등과 충돌에서 비롯되고 인간자연성인 자기애와 연민에 의해서 유발된다.

자신에 대한 사랑은 곧 타인에 대한 사랑과 관심으로, 타인과 자기의 비교, 그리고 동정으로 발전하면서, 이타심이 이기심으로 허영심과 호기심을 일으키게 되어 증오·분노·질투·경쟁·지배와 복종의 감정을 유발함으로써 부패의 동기가 제기된다. 그리고 이 같은 자연적 경향성에서 자기의식의 발달을 가져오고 이성과 사고력이 발달한다. 이것이 또한 악의 동기라는 것이다. 이렇게 해서 선한 자연상태는 서서히 변화하기 시작하게 되고 인간은 소유욕이 생기고 이기적인 욕망이 증대된다.

타인의 관심은 타인과의 관계의 발달을 불가피하게 하고 자연 상태에서 사회 상태로의 이행이 이루어지면서 계급이 발생하고, 지배·복종의 상하관계가 형성되며, 빈부의 차이가 생길 뿐만 아니라 자연 상태에서의 본래적인 선·자유·평등은 깨어지기 시작한다. 그래서 루소는 부유한 사람들의 불행의 하나는 모든 일에 있어서 기만하는 일이라고 했다. 그들이 인간을 악하게 생각하는 것도 당연한 일이다. 그들을 부패시키는 것은 그의 재산이라는 것이다. 결국 인간은 인간과의 관계가 성립되어 사회를 형성하면서 부패하고 타락하게 된다는 것이다. 자연인의 상태는 타인과 관계하지 않고 할 필요성도 느끼지 않는다. 그는 본능에 따르고 자연의 충동에 따르고 그래서 선하고 행복하다. 그러나 인간 자신은 스스로 악을 자초하면서 부패의 길로 들어서게 된다.
 자연이 인간을 타락시킨 것이 아니고 인간 자신의 욕망과 자기의식의 발달과 이성의 발달이 인간과 인간의 사회적 관계를 맺지 않을 수 없게 되면서 부패되어 간다는 것이다. 이 모든 것은 자연적이 아닌 데서 유래하는 것이다. 사회에서 유래하고 환경에서 유래하는 것이다.

3) 종교사상

 신의 존재를 중심으로 무신론과 유신론 그리고 범신론과 이신론으로 구분할 수 있다. 루소의 신관은 기독교적인 유일신관이나 계시에 의한 신과는 차이가 있다. 그는 기적·계시·독단·강령을 부정했다. 교회의 악을 비판했고 자연과 이성에 기초한 종교를 신봉한다. 신의 존재는 이성과 감성에 의해서만 논증되는 것으로 어떤 초월적인 신의 존재를 인정하지 않으려 하였다. 영혼의 존재도 감정과 욕망에 바탕을 두고 있다. 에밀은 모든 권위를 부정하고, 종교와 관련된 신앙을 부정하며 오직 자신의 이성과 감성에 지배받는다.

 이 같은 자연적 권위가 에밀에게 있으므로 결코 초자연적 권위는 신뢰하지 않는다. 그가 구하고자 한 것은 자연종교이다. 교리는 경험과 이성 그리고 감성에 일치하는 것이다. 그러므로 루소의 종교는 자연신이며, 범신론적이라 할 수 있다. 따라서 종교는 정서적이고 개인과 감정에 호소하는 것이지 제도적이거나 영원한 의식(意識)이나 의식(儀式)에 관계된다고는 믿지 않았다. 종교는 순전히 개인적인 문제로만 생각했다. "신과의 단둘이의 문제이다. 인간과 신의 교통은 직접적인 것이다. 종교적 권위나 조직을 거부한다. 나 자신의 마음이 나 자신의 교회이다. 따라서 자연적 이성이나 자연적 감성만이 신으로의 길을 비출 수 있다"고 생각했다.

그러나 루소는 무신론을 싫어했다. 모든 창조의 아름다움과 신비, 자연의 은혜로움, 양심의 소리, 신의 선함을 선언했다. 그리고 모든 권리는 신에게서 온다고 했으며 또한 모든 질병도 악도 신에게서부터 온다고 했다. "나는 신의 작품 어디에서나 신을 생각한다. 나는 나 자신 속에 신을 느낀다. 나는 내 주위에서 보편적으로 신을 본다"고 사보아드 목사는 말했다 "그러나 신이 있는 곳을 찾을 때, 신이 무엇인지 그 실체가 무엇인지 찾을 때는 신은 나로부터 달아난다. 나의 고통스런 영혼은 아무것도 알지 못한다. 이것이 자연종교의 본질이다. 신은 존재한다. 신은 선하다 양심을 통해 신은 개인에게 직접으로 이야기한다."

이것을 초월한 더 나은 신앙은 에밀은 요구하지 않는다는 입장이다. 우리가 만일 신께서 인간을 향해 말하는 것을 들었던들 이 세상에는 오직 유일한 종교만이 있었을 것이라고 반문하면서 루소는 종교를 그의 종교 체계 속에 정신적으로 승화시켜 나갔다. 그래서 그는 기독교는 모든 의무를 너무 과장하기 때문에 도리어 그 의무를 실행할 수 없게 하고 무용하게 한다고 비판했다.

이처럼 루소가 기독교에 대해 비판적인 것은 기독교의 지나친 전통주의와 권위주의 그리고 형식주의가 인간 자연의 자유와 평등의 정신을 억압하고 지배와 복종의 인간관계를 낳고 있다는 것이다. 그리고 기독교의 원죄사상도 인정하지 않으면서 몇 세기를 지배해온 기독교적 인간관에 대하여 과감하게 인간 본성은 선하다고 선언함으로써 기독교적 세계관에 비판을 가했던 것이다. 그리고 기독교는 기존의 정치 사회질서와 결합하고 지배계층과 일치되어 국민의 인권과 인간의 존엄성을 구속한다는 것이다. 그래서 그는 "신은 하나의 정신이다. 그렇다면 정신이란 무엇인가. 성인도 난해한 형이상학 속에 빠져들어 가면 좀처럼 헤어 나오지 못하는데 내가 어린이의 정신을 그 속으로 끌어주어야 할 것인가?" 하고 회의했다.

그럼에도 불구하고 소피는 종교를 가지고 있다. 그러나 그것은 합리적이고 단순한 종교여서 교리도 거의 없거니와 의식 같은 것은 더욱이 없다. 아니

오히려 도덕 외에는 본질적인 실천이라는 것을 모르는 그녀는 선을 행함으로써 신에게 봉사하는 데 자신의 온 생활을 다 바치고 있는 것이다. 특히 루소는 여성교육에 있어서는 종교적인 것이 존중되는 특이성을 보였다. 그것은 여성교육의 겸양의 덕과 순종의 덕을 실천하는 데 장점을 가지고 있다고 여기기 때문이다.

결국 루소의 종교는 자연종교였다. 인간중심의 인간을 위해 필요한 신이지 신의 영광을 위한 인간이 아니다. 그러므로 그의 종교를 인간종교, 시민종교라고 볼 때 콩트의 인류교와 닮은 점을 갖고 있다. 그리고 그의 종교는 다분히 도덕적 가치를 가지고 있으며 도덕적 정신의 실천을 위해 요구되는 종교라는 면에서 칸트적인 종교관과도 유사성이 발견된다. 그런다고 신의 존재를 부정하거나 종교자체를 거부하지 않았다. 단지 초월신을 인정하지 않는 것이고 인간정신에 내재하는 신, 정서적으로 느끼는 신, 개인과 신이 직접적으로 교통하고 대화하는 정신이 곧 종교라고 생각했다.

4) 사회사상

인간존재의 본래적 허약성과 불완전성, 그리고 미완성이 사회를 불가피하게 요청하게 된다. 인간은 태어날 때부터 욕망을 가지고 태어났다. 이 같은 형이상학적 본성이나 알고자 하는 욕망이 인간을 더욱 더 강하게 하는 반면에 또한 약하게도 한다. 그리고 인간의 자연적 정열인 두 가지 근원적 감정인 자기애와 연민이 타인에 대한 관심과 비교 그리고 사랑으로 발전해 감으로써 타인과의 관계를 낳게 되고 이 같은 자기애는 곧 이타주의와 이기심의 모체가 된다고 하였다. 그래서 인간은 인간의 허약성으로 인하여 인간을 사회적 인간으로 만든다. 우리의 공통된 불행이 우리의 마음을 인간애로 이끈다는 것이다.

자연인은 타인과 관계하지 않고 본능에 따르고 충동에 따른다. 따라서 선하고 행복하다. 그러나 강하지는 않다. 자연인은 스스로 혼자라고 생각한다. 마치 로빈슨 크루소처럼 권위·관습·순종은 그에게 별 의미가 없다. 경향성에 반대되는 어떤 것도 알고 싶지 않다. 어떤 일을 하도록 명령도 필요하지 않다. 이 같은 상태가 바로 자연인의 상태이다. 루소는 "진정으로 행복한 사람은 고독한 사람이다. 신만이 절대적인 행복을 누린다"고 하였다.

　그러나 자연인은 언제나 그대로의 상태로 머물 수가 없었다. 자연의 상태는 변화가 일어나고 있다. 그 같은 변화는 인간 자신이 스스로 만든 것이다. 그래서 인간은 인간자신에만 의존할 수 없게 되고 사물과 주위환경 그리고 타인에의 의존이 필연적으로 이루어진다. 의존에는 두 가지가 있다. 하나는 사물에의 의존인데 이것은 자연의 작용이며 또 하는 인간에의 의존으로서 이것은 사회의 작용이다. 사물에 의존하는 것은 아무런 도덕성을 가지고 있지 않기 때문에 조금도 자유를 해하지 않고서도 결코 악덕을 낳지 않는다. 그러나 인간에 의존하는 것은 질서가 동요되기 쉽다. 따라서 모든 악덕을 낳는다. 그리고 이것에 의해서 주인과 하인이 모두 타락하게 된다고 루소는 생각했다.

　따라서 자연인은 사회인으로 자연의 상태는 사회의 상태로 이행이 진행된다. 그럼에도 불구하고 완전히 사회에 적응한다든지 순응하지 않는다. 그는 그것을 타락한 현상으로 보기 때문이다. 자연과 사회는 영원히 투쟁 상태에 놓이고 긴장과 대립의 관계가 된다. 즉, 자연이냐 사회냐의 투쟁에 의해서 인간과 시민(국민) 간에 선택이 있어야 한다. 그러나 그는 둘다 훈련한다. 에밀이 처음에는 인간이 되도록 하고 그 다음에 시민이 된다. 그렇지만 루소는 결코 반사회적인 인간을 원하지는 않았다. 사회에 들어가기 이전에 윤리적 일관성을 갖도록 원하고 있었다. 오히려 비사회적인 인간이 자연적으로 선하다는 의미가 된다. 인간 자신이 허약할 뿐만 아니라 사회가 또한 인간을 대단히 약하게 한다. 그는 인간으로부터 그 자신의 힘을 쓰는 권리를 빼앗을 뿐만 아니라 무엇보다도 먼저 그의 힘을 욕망에 대하여 부족하도록 함으로써 그를 약하게 한다고 믿었다.

 자연과 사회가 대립관계라고 하면 자연은 선이며, 사회는 악이다. 즉, 모든 악의 근원은 사회에 의해서 인간이 타인과 인간관계가 형성되면서 출발하게 된다. 사회적 불평등의 기원도 여기에서 주어지고 부자유도 낳게 되고 사치와 허영, 소득의 불평등을 낳고 부자와 가난한자, 가진 자와 갖지 못한 자, 지배자와 복종하는 사람의 관계를 낳는다. 즉, 자연인은 사회상태로 들어감과 동시에 자기애는 허영심과 이기심으로 변해 버려 타인을 의식하여 허영이 강해진다. 타인의 멸시·굴욕·지배가 일어난다. 그 결과 연민의 정은 소멸해 간다. 결국 인간과 인간의 관계는 경쟁·갈등·투쟁·질투로 발전하게 된다. 사회가 발전하면 할수록 문명이 발달하면 할수록 산업과 과학이 발달할수록 인간은 부패의 극에 달하게 된다. 인간은 오로지 부와 권력만을 구하고 일체의 인간적인 가치를 기꺼이 포기하며 인간은 서로 이용하며 타인을 밀어내고 자신의 입신출세만을 생각한다. 기만과 비굴이 판을 치게 된다. 그러나 이같은 상태는 인간의 본래의 상태는 아니다. 그래서 인간의 역사는 타락의 역사였고 문명의 발전사는 악의 역사라고 루소는 규정짓는다.

분업과 소유관계가 발달한 자본주의적 사회와 산업사회가 더욱더 인간을 지배·복종의 관계로 발전하게 하고 인간을 노예로 만든다. 따라서 인간의 소외와 비인간화가 심각한 문제가 된다. 인간의 인간에 의한 구속과 부자유 불평등한 사회가 되고 만다. 그래서 그는 두 개의 불평등을 말한다. 하나는 자연적·육체적 불평등이고, 또 하나는 사회적·정치적 불평등이다. 전자는 신체·체력·건강·연령·정신이고, 후자는 권력·권위·존경이라고 보았다. 그러나 그는 모든 악의 근원을 사회에만 한정하지 않고 인간 자신에게도 잘못이 있음을 시사한다.

우리들의 모든 정신적 질병은 모두 사회적 편견의

결과이다. 그러나 죄악만은 예외이다. 이것은 우리들 자신에 책임이 있다고 한 것이 이를 의미한다. 그것은 인간자신의 허약성 때문이다. 강한 자가 항상 옳은 것이기 때문에 가장 강한 자가 되도록 하는 일이다. 사회가 악이 출현하는 장소이며, 악은 인간의 근원적인 자연에서 온 것이 아니고 사회에 의해 야기된 부패에서 온 것이다. 그러므로 악은 태어날 때부터 가지고 있는 것이 아니라 획득적인 것이다. 따라서 인간의 불행과 비참, 인류의 파멸도 사회에 기인하는 것이다. 결국 인간을 약하게 하는 것도 사회에 원인이 있다.

인간과 인간이 관계하고 자기의식이 발달하면서 인간이 더욱더 약함을 인식하게 되고 약해지게 되는 것이다. 자연은 우리가 성인이 되도록 만들었지만 법률이나 사회가 다시 우리들을 아동의 상태로 끌어 들인 것이다. 부호이건 권력자이건 국왕이건 모두 아동에 지나지 않는다고 했다. 이처럼 사회는 사회가 개개인의 개성을 발달시킴과 동시에 계급의 차별을 낳는다는 것이다. 루소의 사회관을 더 들어보면 사회인은 부모에 지배되는 분자에 불과하다. 사회인의 존재가치는 전체, 즉 사회에만 의존한다. "좋은 사회제도란 인간을 더욱 부자연하게 만들고 독립성을 박탈하여 사회라는 통일체에 자아를 합일해 버리는 제도이다"라고 말한다. 즉, 발달된 사회일수록 인간의 인간에 대한 지배는 더한층 심하고 불평등과 부자유는 증대되고 따라서 인간의 부패 또한 증대된다는 것이다. 우리들의 모든 지혜는 노예적 편견에서 온 것이다. 우리들의 모든 습관은 굴종과 억압·구속 외에 아무것도 아니다. 사회인은 노예상태로 살고 노예로서 죽는다. 출생 때는 강보(襁褓)에 쌓이고 죽으면 관에 넣어서 못을 박는다. 그래서 인간의 일생은 여러 가지 사회제도의 쇠사슬에 묶여져서 지내는 것이다.

그러면 올바른 사회, 정의로운 사회, 가치로운 사회는 어떠한 사회이며, 그 같은 사회는 어떻게 가능한가? 그리고 루소의 사회인의 이상은 무엇인가를 고찰해 보기로 하자.

먼저 올바른 사회란 평등한 사회이다. 어떠한 사람도 자기와 동일한 인간을 지배할 권리를 지니고 태어나지 않았다는 입장이다. 따라서 계급사회는 부정되고 봉건제도는 자연법의 원리에도 어긋나는 제도라는 것이다. 사람은 평등하기 때문에 정당한 권력에만 복종할 의무가 있다는 것이다. 또한 인간이 인간에 의해 도구화되거나 욕구충족의 대상이 되지 않는 사회이다. 인간은 목적이어야지 수단화될 수 없는 것이다. 수단화된 인간은 인격으로서가 아니고 물성이나 비 인격체로 되고 만다. 여기에 인간의 불행과 소외가 발생한다.

또한 정의로운 사회란 인간의 자연성에 일치하는 사회이다. 즉, 자연성이란 자유와 평등과 주권재민이다. 양심에 복종하는 사회이다. 따라서 덕이 지배되는 도덕적인 사회이다. 자신과 타인이 더불어 평화와 행복을 누리는 사회이다. 잘 입법화된 사회이다.

어떻게 그 같은 도덕적인 사회가 가능한가? 어떻게 나의 이익을 침해받지 않고 자유와 평등을 보존할 수 있고 사회인이 선과 행복을 회복할 수 있는가에 대한 문제의 해결을 위해서 루소는 이중적인 가능성을 제시했다. 즉, 내적인 소리의 요구이다. 여기에는 종교·양심·도덕성 및 자연성의 회복이고 그 다음은 일반의지의 실현으로서 인간 상호의 계약과 국가와의 계약이다. 그리고 마지막으로 교육으로의 요청이다.

여기서는 사회상태와 깊은 관계를 갖는 일반의지와 계약에 대해서만 고찰해 본다.

사회의 출현과 더불어 인간과 인간의 관계성립과

함께 도덕도 동시에 존재하게 된다. 사회를 떠나서는 덕도 악덕도 의미가 없다는 것이 된다. 사회적 인간이랑 덕과 악덕을 실행할 수 있는 사람이다. 그러나 사회인은 덕보다는 악덕에의 가능성을 더 갖고 있다. 즉, 의식이 개인에게 국한되어 있는 한 그의 행동에는 도덕이란 있을 수 없다. 그의 의식이 그 자신의 범위를 넘어 확대되어 나갈 때 비로소 선악의 의식을 형성하기 시작한다는 것이다.

사회상태는 선보다는 악이 지배하고 덕보다는 악덕이 지배되는 사회이다. 따라서 인간과 인간의 관계는 투쟁과 갈등, 대립의 관계로서 혼돈과 무질서의 사회가 될 가능성이 많고 무정부주의적 국가의 출현이 있게 된다. 부(富)의 편재는 극심해지고 자유는 자유방임이나 방종으로 불평등한 사회가 되어 강한 자만이 살아남고 약한 자와 가지지 못한 자의 소외는 극에 달하게 된다. 그래서 루소는 이 같은 사회 상태에서 오는 문제를 개선하기 위해서는 인간 자연의 성선(性善)을 기초로 하고 공동의 이익을 추구하는, 즉 공공의 복리와 만인의 행복을 가져오도록 인간 상호간의 사회계약을 맺는 것이다.

서로의 권리를 존중하고 인권을 침해하지 않으며 자유와 평등이 보장되는 범위에서 사회정의와 복지의 성취를 목적으로 하는 것이다. 이 같은 사회계약의 목적은 사회질서를 존중하기 위한 합법성의 존중이다.

개인에게는 개인의지가 있고 전체사회에서의 전체의지가 있고 그리고 일반의지가 있다. 그런데 여기에서 사회계약은 일반의지에 기초하게 된다. 즉, 사회계약은 일반의지에 의해 좌우된다. 개인의지나 전체의지는 이기심에 의해 동기 지워지고 공동선과 공익이 우선되지 않고 도리어 사욕이 우선된다. 그러나 일반의지는 언제나 정당하며 공익이 우선한다. 자유와 평등을 존중한다. 따라서 일반의지는 선 의지이며, 칸트의 정언명법(定言命法)과 유사하며 도덕성과 합법성의 최고 준거가 되는 것이다. 그래서 일반의지는 사회계약의 자연적 목적이라고 할 수 있다. 따라서 일반의지의 실천을 위해 교육이 강조되는 것이고 합법적인 국가가 요청되는 것이다.

법률은 어디까지나 일반의지의 표현이어야 한다. 국가와 법률을 통해서 공동선을 실현하고, 자유와 평등 그리고 사회정의를 실천하기위해서는 개개인의 욕구와 사적 이익을 없애야한다. 즉, 개별의지나 전체의지를 일반의지로 합치시켜야 하는 것이 대명제가 된다. 이 같은 합치가 곧 덕의 실현이다. 그래야만 도덕공동체 사회가 가능하다는 것이 루소의 입장이었다. 결국 루소의 사회상태는 계약사회이며 사회계약의 전제 위에서 자연 상태에서 사회 상태로의 이행을 말한다. 그렇지 않으면 사회는 곧 파멸되고 말 것이며, 종말을 가져오는 불행을 갖게 된다. 사회의 존속과 발전을 위해서 당위로써 요청하는 것이 사회계약이며 일반의지의 실천이다.

 루소에게서는 조국이나 국가도 자유와 평등 나아가 일반의지의 실천을 전제하지 않으면 존재의미를 잃고 만다. 왜 국가와 정부가 필요 하느냐는 일반의지의 실천과 자유와 평등의 보장에 있다. 그리고 그가 존중한 정부의 형태는 군주국가나 전제주의 국가를 민주국가보다도 더 옹호하는 경향을 띠고 있다. 비록 그의 정치사상의 이념은 민주주의를 예언하면서 민주국가를 찬양하면서도 그것은 이상적인 국가형태이지 현실적으로는 군주정치가 더 적합하다고 보았다.

 민주정치는 모든 시민이 직접 정치에 참여할 때 가치가 있는 것이고 대의 정치는 선임귀족정치라고 하였으며 그래서 민주국가는 신과 같은 인간에게만 어울리는 정치체제이며, 작은 나라에서 잘 부합되는 정치라고 하였다. 보다 큰 나라에서 혹은 경제가 발전된 국가에서는 군주정치가 가장 적합하다고 했다. 그래서 루소는 스파르타와 같은 국가를 찬미하였던 것이다.

그리고 루소는 도시보다 농촌을 더 찬미하고 있다. "인간은 모여 살면 살수록 부패하기 쉽다. 너무 많은 사람이 집단을 이루어 살게 되면 그 결과는 육체를 허약하게 하고 정신을 부패시키게 된다. 몸의 질병과 마음의 죄악은 너무 많은 사람이 모여 사는데서 비롯된다고 그는 생각하였다. 그래서 도시는 인류를 파멸로 이끄는 무덤이다. 몇 세대 후에는 많은 민족이 멸망하거나 혹은 쇠퇴해 버릴 것이다. 이것은 개선되지 않으면 안 될 것이다. 이것은 개선하는 데는 언제나 농촌이 필요하다. 그러므로 여러분의 아이들을 농촌으로 보내서 그들을 갱생시켜야 한다"고 하였다. "잘 있거라 시끄러운 도시, 파리여. 연기와 진창의 도시여, 인간은 자기 충족적이고, 자유롭고 행복할 때는 선하고, 불행으로 인하여 인간은 사악해진다. 자기충족적인 사람은 행복해지기 위하여 그의 경향성을 따르는 것이다." 그래서 루소는 "나는 어린이에게 나쁜 공기를 마시게 하기보다 유아를 농촌에 보내서 좋은 공기를 마시도록 하고 싶다"고 했다. 소박하고 가식이 없는 농촌에서 아이들을 성장토록 하라. 그러면 아이들의 말소리는 분명해서 도시의 아이들같이 입속에서 중얼거리는 것 같은 습성도 없고 또 농촌 사람들의 말이나 어조에도 더럽혀지지 않을 것이다 " 농촌을 찬양하면서 에밀을 데리고 농촌으로 가서 생활했다 농촌 사람들은 아직도 자연적 경향성을 가지고 있고 소박한 심정을 갖고 있으며 자연과 더불어 자연 상태의 생활을 어느 정도 즐기면서 보존하고 있다고 하였다.

 결국 루소는 원시 야만의 상태로 되돌아가는 것을 의도한 것이 아니고 사회상태에 살고 있지만 그리고 도시에서 살지언정 고독하게 자신에만 의존하면서 자연인이 가진 선성을 실현하는 인간을 목표로 하고 있다. 에밀은 사회에서 고립되어 자기 자신만을 의지하고 있다. 그는 또한 다른 누구보다도 자기를 의지할 권리를 갖고 있다고 생각한 것이다.

 루소는 사회에 적응하는 사람보다는 오히려 사회에 대해 방관자로서 또한 비판자이며 저항하는 자로서 사회에서 떠나 있지 않으면서 대중의 의견에 영향을 받지 않고 자신을 지배하는 어떠한 권위나 노력도 부인하면서 자유롭게 자기의 눈으로 보고 자신의 심장으로 느끼며 오직 자신의 양심과 감성 그리고 이성만을 신뢰하면서 어떠한 구속도 느끼지 않고 생활하는 사회속의 자연인이 그의 이상인이 된다.

이 같은 점에서 그는 스토아적인 무계급 주의적이고 무정부 주의적인 면이 있으며, 또한 민주적 정신을 소유한 민주주의의 찬미자의 면이 있는가 하면 한편으론 사회주의적 면도 약간은 엿볼 수 있다. 그래서 루소에 비롯해서 후일에 다양한 사상을 예고하게 되었던 것이다.

5) 자유와 평등사상

루소의 대표적인 저작인 '사회계약론'의 제 1장 첫 페이지 "인간은 자유롭게 태어났다. 그러나 인간은 여러 곳에서 구속을 받고 있다"고 하여 인간은 본래 자유인으로 태어났으며, 자유는 인간이 날 때부터 향유한 것이라고 했다. 따라서 자유는 인간 본성의 숙명적 필연성이며, 인간의 천부적 자연성이다. 이 같은 자연권의 자유는 포기할 수도 없고 포기해서도 안 되는 절대적인 것이다. 자유를 포기함은 인간으로서의 자격을 포기하는 것이고 인간의 의무까지 포기하는 것이다. 이 같은 포기행위는 인간의 본성에도 어긋날 뿐만 아니라 의지로부터 자유를 빼앗는다는 것은 인간의 행동에서 모든 도덕성을 제거해 버리는 것을 의미한다.

인간본성으로서 자유, 인간의 자연인 자유는 인간과 근원적인 불가분의 관계를 갖고 있으므로 자유가 없는 인간도 인간을 상실한 자유는 무의미할 뿐만 아니라 자유 없는 인간은 영혼을 뺀 육체만의 인간처럼 반인간이며, 비인간이 된다. 그리고 자유가 전제되지 않는 도덕은 도덕 자체의 성립을 불가능하게 한다. 이처럼 인간과 자유는 자유 그 자체가 목적이며 인간본성의 자기 충실로서 자연인 것이다. 따라서 정신의 본질이 된다. 자연을 따르고 자연법칙에 복종함으로써 인간의 참다운 자유를 발견하게 된다고 생각한 루소는 "모든 선 가운데 최상의 선은 권력이 아니고 자유이다. 참으로 자유로운 사람은 자신이 할 수 있는 일만을 한다. 그리고 자기가 원하는 대로 실행한다. 이것이 나의 기본적인 원칙이다"라고 하였다.

루소에게서 자유는 제멋대로 하는 것을 의미하지 않는다. 기독교적 의미에서 복종하면서 모든 임의대로 하는 행위를 극복하고 제거하며 자신을 스스로 초월적으로 정립해가는 엄격하고 신성한 법칙

에 대한 자기극복이다. 그러므로 그에 있어서 자유
는 자기결정이며 자기 자신의 힘으로 자신이 바라
는 바를 실천하는 힘이다. 자신이 자기의 일을 스스
로 할 수 있는 사람은 누구나 자유인일 뿐만 아니라
또한 행복한 사람이라는 것이다.

　루소의 자유는 자연인으로서의 자유와 사회인으
로서의 자유가 있다. 자연적 자유는 절대적이며 또
한 신적 권위의 성격을 갖는다. 신이 인간을 자유롭
게 하여 준 것은 선을 취하고 악을 버리라는 데 있
다. 그 같은 선택을 할 수 있도록 인간을 위치 지워
진 것이다. 또한 신의 흔적이며 신의 음성인 내면의
양심에 따라서만 행동하는 자유이다. 여기서도 자
연은 곧 신인 자연신교적 입장을 알 수 있으며 자유
가 자연의 속성인 것처럼 인간의 본성이 된다. 따라
서 자유는 자연적이면서 신적이며 도덕적이 된다.
그러나 이 같은 자연적 자유는 인간의 자유의지에
의해 사회계약을 맺음으로써 자연 상태로부터 사회
상태로 반전해간다. 사회인으로서의 자유는 법률에
따르고 공공의 질서와 정의의 정신을 존중하는 일
반의지의 기초가 된다. 여기에서 민주주의 이념으
로서 자유가 되는 것이며 도덕적 자유로서의 의미
가 충실하게 되는 것이다.

자유와 평등은 루소 사상의 중심개념을 이룰 뿐만 아니라 목표가 된다. 그리고 자유와 평등의 관계는 상호의존적이면서 또한 대립갈등의 관계도 나타낸다. 자유 없는 평등도 평등이 없는 자유는 아무 의미가 없을 뿐만 아니라 정의로운 사회라고 할 수도 없고 인간성의 존중을 어렵게 할 것이다. 그런가 하면 자유가 강조되면 평등의 정신이 약화되고 평등이 강조되면 자유의 정신 역시 약화되기 쉽다. 따라서 자유와 평등이 조화를 이루면서 실현되는 사회가 가장 바람직한 사회라 할 수 있을 것이다.

 루소는 그 같은 자유와 평등을 공히 실천하는 사회를 목표로 삼고 있다. 그러나 자유를 사랑했지만 평등은 더욱더 사랑했다고 볼 수 있다. 자유가 루소사상의 명목상 목표지만 사실은 그가 존중하고 또 자유를 희생해서라도 손에 넣으려고 한 것은 평등이라고 할 수 있다. 평등한 인간과 평등한 사회를 건설하기 위해서 자유를 근본으로 삼았으며, 자연적 질서에 있어서 인간은 모두 평등하다. 인간의 공통의 천직은 인간이 되는 것이다.

 이처럼 완전한 평들을 실현하기 위해서는 자유의 제한을 인정하는 면을 볼 수 있게 된다. 자연은 제왕도 부자도 귀족도 만들지 않았다는 것이다. 따라서 자연적 욕구는 모든 사람에게 평등하기 때문에 그것을 만족시키는 수단도 모든 사람에게 평등해야 한다고 보았으며 인간은 태어날 때부터 제왕이나 귀족이나 고관이나 부자는 아니다. 모든 인간은 벌거숭이로 빈손으로 태어난다는 반봉건적인 무계급 사회사상을 표현하고 있다.

경제적·사회적·정치적 평등뿐만 아니라 정신적인 평등과 교육의 평등도 함께 강조한다. 인류를 구성하고 있는 것은 평민이다. 평민이 아닌 사람은 극소수이다. 인간은 어떠한 신분에 있어서도 평등하다. 그렇다면 다수의 사람이 속해 있는 신분이 가장 존경받을 가치가 있어야 당연하다는 사회적 평등을 선언한다. "가난한 자의 이익이 자기의 이익과 같도록 하라. 다만 돈만으로 도울 것이 아니라 직접 성의로써 그들을 도와 학생으로 하여금 가난한 사람을 위하여 봉사하고 그들을 보호하고 그들에게 몸과 시간을 바치도록 하라. 그리고 그들의 대리인이 되게 하라. 그의 평생을 통하여 그처럼 고귀한 직업은 없을 것이다."

루소는 항상 상류층이나 지도계층 그리고 부유층의 사람들을 부패하고 타락되어 있는 표본적 인물들로 간주한다. 그들을 부패시킨 것은 그들의 재산·권력 나아가 그들의 사치와 허영심이 그들을 부패시켰고 자연성을 상실토록 했다. 그러나 가난한 자와 평민들은 재산도 권력도 없으므로 인간을 부패시키는 요소를 갖지 않았기 때문에 그들은 오히려 선량하고 사치와 허영심도 갖지 않고 진실한 인간으로 간주한다. 우리의 출발점, 우리의 출생은 우리 모두에게 동일하다. 즉, 인간의 자연 상태는 인간의 자연은 평등했으나 소유욕과 같은 인간의 이기심이 그리고 인간의 무한한 상상력과 만족할 줄 모르는 욕망이 인간본래의 평등성을 상실하도록 했다. 즉, 사회가 인간을 불평등하게 했다는 것이다. 따라서 사회상태는 불평등의 상태이며 인간의 역사 또한 불평등의 발전사로 보는 것이다.

교육적 측면에서도 교육의 평등을 강조하고 있다. "나아가 교사와 학생의 관계는 권위의 관계가 아닌 동료나 친구의 관계와 같으며 아동의 인격을 존중하고 그들을 모두 평등하게 대우하도록 권고한다. 우리는 청년의 용기를 꺾지 말고 그들의 정신을 발달 시키는데는 어떠한 노력도 아껴서는 안 된다. 그들을 여러분과 똑같이 하는 데는 그들을 평등하게 대우하라. 만약 그들이 여러분과 동등한 수준에 오를 수 없다면 부끄럼 없이 그들의 수준으로 내려

가는 것이 좋다" 고까지 말했다.

　루소가 평등의 이념을 자유의 정신보다 더 높게 평가하는 데서 후일 사회사상에 대한 접근이 그리고 그 같은 해석이 가능할 수 있게 되었다. 그런가하면 그의 자유와 평등 그리고 사회 정의의 이념은 민주주의 이념의 근본을 이루고 있으며 프랑스 혁명의 정신이 된 것임에 틀림없다.

(4) 결론

　지금까지 루소의 자연주의 사상에서의 교육의 본질을 그의 교육에 관한 저작인 '에밀'을 중심으로 살펴보았다. 특히 루소는 고대 폴리스 국가 중에서 스파르타를 찬미하였고 아테네의 플라톤 사상을 칭송하였다. 거기서 많은 사상적 원천을 발견할 수 있게 된다. 플라톤의 '국가론'과 루소의 '사회계약론'과 '에밀'은 많은 유사점을 갖고 있다. 사회정의의 이념을 지향한다는 면에서 그러하고, 이상적인 인간과 이상적인 사회를 구상하는 유토피아적인 성격을 갖고 있는 점에서도 그러하다. 또한 그 같은 이상의 성취를 위해서 교육에 의존하는 점에서도 공통점을 갖고 있다. 그러나 또한 두 사상가에게는 많은 상이점도 있다.

루소는 아리스토텔레스와 스토아 학파의 영향도 받았으며 특히 근세의 경험주의 철학자와 계몽사상과의 교류에서 깊은 관계를 가지면서 수용과 비판의 이중성을 보인다. 그리고 그 당시의 시대상과 사회상 그리고 역사적인 배경과 루소 사상을 관계 지워 생각하지 않을 수 없다.

루소 사상의 근본에는 자연·인간, 그리고 신사상이 중심을 이루고 있다. 그의 자연과 인간 그리고 신의 관계는 삼위일체적인 구조를 이루면서 유기적인 상호의존 관계를 형성하고 있다. 즉, 인간자연과 자연인을 목표로 삼고 있으면서 자연, 즉 신의 입장을 취한다. 기독교적 유일신이기를 거부하면서 만유신관(萬有神觀)과 자연신을 존중한다. 그러나 무신론의 입장은 분명 아니다. 따라서 인간을 축으로 자연과 신이 결합하고 있다. 철저한 인간중심주의를 표방하면서 이를 위해서는 자연과 신이 당위로써 요청되고 근본 출발점으로 삼고 있다. 그래서 자연도 인간도 신도 선의 속성을 갖는다.

무엇이 그 같은 근원적인 선성을 상실하게 하는가. 그것은 인간의 허약성과 인간의 무한한 욕망과 그의 힘과의 역학관계에 의해서 필연적으로 타인과의 관계가 형성되고 타인에 대한 관심에서 비교하게 되고 경쟁하게 되고 나아가 갈등과 대립 투쟁의 관계로 발전한다. 여기에서 자연 상태에서 사회상태로의 이행이 이루어진다. 따라서 사회상태는 인간의 자연성의 상실과 포기에 의해서 자유와 평등 그리고 정의의 정신은 무시되고 불평등한 부자유한 계급사회가 되었고, 인간은 부패·타락의 혼돈과 무질서의 질곡에 고통 받게 된다. 인간은 소외되고 인간성은 상실되고 가진 자와 갖지 못한 자는 점점 대립되고 권력과 권위에 의한 구속과 통제가 지배한다.

이 같은 사회상태의 무질서와 불합리를 해결하기 위해서는 교육과 정치·종교·도덕을 요청한다. 그리고 사회성원 상호간 정부와 공민의 사회계약으로서의 일반의지의 실현이 방법적 이념으로 제시된다. 그래서 루소는 자연과 사회의 관계는 대립과 갈등의 관계로 파악한다. 선악의 대립과, 평등과 불평등의 대립이다. 여기에서 통합적 지향이 곧 도덕이며 이를 실현하기 위한 수단적인 것이 교육이다. 교육에 의해서 인간의 자연성을 회복하고 인간성을 회복하기를 소망한다.

그리고 사회계약으로서의 일반의지의 실천은 정치 체제에 의해서 그의 궁극적 목표인 이상사회 건설을 지향하는 것이다. 이 같은 이상사회는 자유와 평등의 실현과 계급이 없는 사회이어야 하고, 지배도 통제도 없고 권력과 권위에 의해 복종하는 것이 아니다. 오직 자기 자신의 양심과 감정의 명령에만 따르고 자율적 의지만을 존중하는 것이다.

루소 교육사상의 근본인 자연·인간·종교·사회 그리고 자유와 평등을 바탕으로 교육이념과 교육내용, 그리고 교육의 방법이 도출될 것이다. 또한 루소에 근원해서 현대의 진보주의 교육이 발전할 수 있었고 자유주의 교육이 강조된 것이다. 그리고 루소에게 근원해서 칸트의 휴머니즘적 입장도 헤르바르트의 흥미중심의 교육도 발전할 수 있었다. 또한 루소에게서 비롯하려 주지주의 교육에서, 언어중심의 형식적 전통주의 교육에서 전인주의와 주정주의 교육이 발전할 수 있었다. 나아가 루소에 의해서 페스탈로치, 프뢰벨, 그리고 몬테소리로 이어지는 유아 및 아동 교육의 발달과 유치원 교육의 발달을 가져오게 되었다.

그러나 루소 사상의 이상주의는 유토피아적인 사상으로 역사와 문명의 발전에 대한 지나친 부정, 즉 반문명사관(反文明史觀)은 비관주의적이고 염세주의적 역사관으로 흘렀으며, 인간의 이성보다 감성의 존중은 반지성주의로 나아가 과학의 발달에 대한 부정적 인식으로 발전함으로써 과거지향적인 복고주의의 경향을 나타내고 있다. 그리고 평등에 대한 강조는 사회주의 혹은 무계급의 사회 무정부주의적인 오해를 낳게 된 점 등은 그의 사상이 갖고 있는 문제점으로 지적할 수 있다.

3. 자연주의교육의 이념과 방법

(1) 서론

루소는 사회개혁가, 문명비평가이며, 또한 교육 개혁가이다. 나아가 이상주의 사상가이며, 낭만파 문학의 근원적 인물이라 할 수 있다. 그의 주 저작인 '사회계약론'을 통하여 사회가 부패되는 과정을 그리면서 이상적 사회건설을 위한 그의 정치사회와 입법의 성격을 말하고 있으며 '에밀'을 통하여 인간이 왜 부패하고 타락하는가를 밝히고 어떻게 하면 인간이 개조될 수 있는가를 제시하고 있다.

루소 교육사상의 기초는 자연이며, 인간이다. 또한 신이며 자유와 평등의 개념이 사회와 자연의 발전과 함께 유기적 관계를 가지면서 중심사상을 이루고 있다. 그에게서 자연은 사회와 대립되면서 사회에 의하여 부패되고 타락되기 이전의 상태로서 선이 지배되고 자유와 평등이 지배되는 이상적인 상태이다.

인간본래의 상태로서 인간은 오직 본능에 의해서만 움직인다. 욕구는 충족되고 어떤 권력이나 권위에도 복종하지 않고 오직 자신의 욕구와 본능 그리고 내면의 양심에 의해서만 행동한다. 모든 것은 자기 자신의 감정에만 충실한다. 따라서 모든 사람은 자유롭고 행복하다. 인간의 본성은 선하다고 선언함으로써 기독교적인 전통적 사고를 거부한다.

모든 인간은 출생할 때부터 평등하며 자유롭다. 제왕이나 귀족이나 부자의 차별 없이 똑같은 상태에서 태어난다. 인간이 불평등한 것은 자연이 아니고 인간의 자연적 정열에는 자기애와 연민의 정이 있는데 이 같은 자기애와 연민은 인간의 자연성으로서 선한 본성을 지녔으며 오직 자기 보존에만 관심을 갖는 자연적 감정이다. 그러나 자기애는 자기에 대한 사랑의 감정은 타인에 대한 사랑과 관심으로 발전하게 되고 여기에서 자기의식과 사고의 발달이 이루어지면서 서서히 이성이 발달하기 시작한다. 따라서 이타주의는 이기심으로 타인에의 관심과 사랑은 타인과의 관계로 타인과 자기를 비교하게 되고 그럼으로써 경쟁·질투·투쟁·갈등·대립을 낳는다. 이 같은 자기애의 발전에서 인간의 자연성인 선성은 점점 타락해지고 부패해지면서 자연의 상태에서 사회의 상태로 이행은 필연적이다. 따라서 인간사회는 점점 부자유와 구속이 지배되고 불평등해지며 상하관계의 계급사회가 나타나기 시작한다.

문명이 발전하면 할수록, 이성이 발달할수록, 과학과 예술이 발달하면 할수록 인간의 부패와 타락은 극에 달하게 되고 인간은 점점 비인간화되고 인간의 자연성은 상실된다. 따라서 도덕적인 인간과 도덕적인 사회건설이 요청되는 것이다.

상실되어가는 인간의 자연성을 회복하고, 자유와 평등의 사회를 실천하여, 구속과 억압이 없고 지배와 복종의 계급사회가 아닌 자기행동과 생활의 주인으로서 주체적인 삶과 자율적인 생활을 영위하고 참다운 사회를 건설하여야 한다. 그러기 위해서는 교육을 통해서 인간을 개조하고, 인간을 개조함으로써 사회의 개혁이 이루어지며 나아가 이상적이고 도덕적인 사회가 건설될 수 있을 것으로 루소는 생각한 것이다.

따라서 루소가 지향하는 교육의 이념은 무엇인가를 알기 위해서 먼저 전통적인 교육을 어떻게 생각했으며, 어떤 점을 비판하고 있는가, 그리고 그가 교육의 의미를 어떻게 생각하며 교육의 목적을 어디에 두고 있는가를 살펴보고, 또한 교육이념의 성취를 위해서는 어떠한 교육내용을 제시하고 있는가를 살펴보기로 한다. 그리고 그 같은 교육의 이념과 교육내용을 어떠한 방법으로 접근해 가는가를 고찰하기로 한다.

(2) 교육이념

1) 전통적인 교육에 대한 견해

루소는 일체의 전통주의적 사고와 가치체계를 거부함으로써 새로운 가치와 새로운 사회질서 그리고 새로운 교육을 지향했다. 지금까지의 교육이론과 실천이 성인의 흥미와 성인생활의 관점에서 이루어져 왔다고 그는 생각했다. 아동은 성인의 축소판이라고 하여 작은 성인으로 간주하였다. 그들은 성인과 동일한 주제를 이해하고 동일한 이념에 관심을 가지도록 기대되었다. 성인들은 아이들의 신체를 취급하듯이 아이들의 정신을 취급한다. 아이들은 전통적인 관습과 생활을 실천할 의무를 부여받고 있으며 성인 위주의 윤리적 행동규범을 준수하도록 요구받는다. 그래서 아동의 권리와 아동의 세계는 무시되고 성인의 가치관이 일방적으로 그들에게 주입되고 교화되어간다.

그 같은 전통적인 아동관에 대하여 루소는 비판하고 아동을 자유화했을 뿐만 아니라 아동의 권리가 존중되고 아동의 세계에 대해 올바르게 인식하도록 함으로써 지금까지 알지 못했던 아동을 재발견하게 하였다. 이것은 또한 인간의 발견이며 아동 존중의 사상으로 발전한 것이다.

교육의 중심이 교사가 아니라 학생이며 성인이 아니라 아동이다. 따라서 그는 교사중심의 전통주의 교육에서 아동중심의 진보적인 교육의 기초를 닦은 것이다.

아동의 흥미와 감정과 욕구와 관심 그리고 그들의 개개인의 개성이 존중되었다. 성인은 아동에게 성인 자신을 부과하였고 그들의 요구가 무엇이며 개성이 무엇인가를 무시한 채 획일적인 교육으로 규격화된 인간을 목표로 삼았다. 그러나 새로운 교육은 아동의 자연적 경향성을 존중하며 자연적 성장과 발달을 도우며 그들의 세계를 이해하려는 교육이다.

교육에 있어서 지식중심의 교육을 비판했다. 지식이나 이성, 지성의 발달이 인간을 결코 선하게 하지 못한다. 도리어 이성, 그것은 인간 파멸의 근원이라 생각했고, 감정이 바탕이 되지 않은 이성이나 지성 중심의 교육은 위험하다고 생각했다. 따라서 루소는 전통적인 주지주의와 이성주의 교육을 비판하고 주정주의 교육으로 나아가 전인주의 교육의 발전을 가져오게 하였다. "존재한다는 것은 느낀다는 것이다. 우리의 감정은 말할 것도 없고 우리의 지성을 가지기 전에 감성을 가지는 것이다"라고 말하면서 이성이나 지성보다 감성을 보다 더 존중하였다. 왜냐하면 이성이나 지성이 발달한 사람은 소수이고 특수하나 누구나 감성은 발달한다. 따라서 감성은 보편적이고 대중적이다. 그러므로 지성중심의 교육은 귀족적인데 반하여 감성중심의 교육은 민주적이라고 보았기 때문이다.

그래서 루소는 교육에 있어서 지식의 가치를 높게 평가하지 않는 반지성주의적·반이성주의적인 면을 갖고 있다. 지식의 증가는 슬픔의 증가를 낳는다고 그는 선언하고 있다. 그의 저작인 '과학예술론'에서 무지에 대한 칭송의 말을 한다. 인간의 타락과 부패는 지식의 발달과 일치한다고 보고 빈곤과 무지와 순박함의 시대가 힘의 시대이며 행복의 시대이고 순수함의 시대하고 생각하였다.

또한 교육은 불확실한 미래를 위해 준비하는 교육이 아니다. 준비를 위한 교육은 자연히 성인생활의 준비이며 직업에 대한 준비이기 때문에 성인중심의 교육이 될 뿐만 아니라, 현재의 고통과 괴로움을 참고 견디기 때문에 통제와 강제적인 교육이 되기 쉽고 아동의 자연적 경향성이 무시되고 타율적이고 수동적인 교육으로 발전할 가능성이 크다. 이 같은 수동적인 교육을 비판하고, 교육은 미래를 위한 준비교육이 아니라 현재생활 자체를 위한 교육이어야 하며 아동의 현재의 자연적 경향성이 존중되고 흥미와 요구에 부합하는 교육이 되어야 한다고 주장했다.

따라서 새로운 교육은 현재를 중요시하는 교육이며 아동의 흥미와 욕구 그들의 자연적 경향성을 존중하는 교육이고 자발적인 교육이다. 교육은 인간형성을 위한 생활교육이어야 하며 인간을 인간답게 아동을 아동답게 성장·발달하도록 하는 교육이어야 한다. 아동의 자주적이고 주체적인 능력을 계발하여 창조적 인간을 육성함으로써 인간적 자유의 실현과 자연본성의 자유로운 발달이 교육의 목적이 되어야 한다고 하였다.

그는 "자신의 눈으로 보고, 자신의 마음으로 느끼

고, 자신의 이성 외에는 어떠한 권위에도 지배되지 않도록 하라"고 말하였다. 어떠한 교육의 목표를 제시해 놓고 거기에 적합한 인간을 교육하게 되면 자연히 개성과 자주성·창조성이 무시된 규격화된 인간이나 주조형의 인간이 되기 쉽다. 전통적인 교육이 바로 이 같은 교육으로 어떤 외부적인 목적에 의해서 이루어지기 때문에 인간내면의 자발성과 자연성은 억압되기 쉽다. 따라서 교육의 형식주의는 언어중심의 교육으로 발전하게 된다고 루소는 비판했다.

이러한 전통적인 교육은 인간을 지적 노예로 만들 뿐만 아니라 스스로 사고하고 판단하는 능력을 잃게 되고 실천과 행동에서 유리된 무익한 교육이 된다. 즉, 편견의 주입에서 노예적 인간을 만들고 만다는 것이다. 그래서 그는 사물 이전에 지식을 획득하도록 하거나 사물 이전에 언어를 제시하는 것은 허위의 출발이며 인간사회의 타락의 근본이라고 생각하였다. "우리가 참으로 배울 것은 생활조건이다. 나의 생각으로는 인생의 고통과 즐거움에 가장 잘 견디는 사람이 가장 잘 교육받은 사람이다. 따라서 참다운 교육은 교훈보다도 실천인 것이다"라고 하였다.

루소 교육의 근본은 실제적이며 직접적이고 경험적이며 생활교육이며 활동은 존중하는 교육이다. 아동에게 죽음을 피하는 것을 가르치기보다는 사는 것을 가르치는 것이 더 중요한 일이다. 산다는 것은 호흡하는 일이 아니라 활동한다는 것이다. 따라서 그는 교과중심의 교육을 비판했다. 책에 의존하는 교육은 타인의 권위에 의존하는 교육으로 역시 주체적이고 창조적 인간을 형성하지 못한다고 본다. 책은 우리들에게 알지 못하는 것을 단순히 이야기하도록 가르쳐준다고 여긴다. 그에게서 책은 곧 생활자체이며 사물이고 세계가 된다. 세계 외에 책은 없으며 사물 외에 교육은 없다. 사물의 세계야말로 생생한 책이라고 생각했다. 이 같은 입장은 그의 주지주의 교육에 대한 비판과 맥을 같이한다. 그래서 에밀에게 가장 최초의 책이며 가장 소중한 책은 '로빈슨 크루소'였다. 그리고 그 외의 책은 별로 인정하지 않았다.

교육에 있어서 전통주의를 거부하고 새로운 교육으로의 개혁을 지향하고 교육의 중심을 교사·교과·지식에서 아동생활 경험으로의 변화는 과히 코페르니쿠스적 전환이라고 할 수 있다. 그래서 그에 의해서 인간이 재발견되고 아동의 권리가 존중되기

시작했으며 아동이 발견된 것이며 교육의 기초가
새로운 이념으로 정립되었다. 이 같은 교육에 있어
서의 진보적이고 자유주의적 입장에서 현대적인 교
육사상과 이론이 발전할 수 있었다.

2) 교육의 의미

　교육의 의미를 넓은 의미의 교육과 협의의 교육으
로 이분할 때 루소의 교육은 넓은 의미의의 교육에
해당한다. 따라서 교육의 시작도 출생 이후부터 또
는 출생 이전의 태교(胎敎)까지도 의미를 부여하여
교육은 말하는 것이 이를 증명하는 일이며, 학교라
는 한정된 장소와 교사와 학생의 관계도 다의적인
성격을 갖는다. 아이는 출생과 더불어 교육이 시작
되고 그러므로 아이는 출생 직후부터 학생인 것이
다. 그러나 교사의 학생이 아니라 자연의 학생이다.
교사는 자연이란 최초의 위대한 지도자 밑에서 유
아를 지도하고 그의 교육이 자연의 교육에 역행하
지 않도록 주의만 하면 된다고 본다.
　그는 인간의 교육은 출생과 더불어 시작된다고 반
복해서 말하였다. 인간은 말을 배우고 사물을 이해
할 수 있기 전에 이미 배우고 있는 것이다.

교육이란 외적인 것에 의해서 어떠한 형의 인간을 형성할 것은 인정해두고 그것에 맞추는 주입식의 교육이나 주조형적인 교육이 아니라고 루소는 주장한다. 또한 교육은 무에서 유에로의 변화과정이나 창조과정은 더욱 아닌 것이다. 그의 교육에 대한 입장은 인간내면에서 자발적으로 일어나는 내적 발달이며 자연적인 성장을 돕는 일이고, 비자연적 인간과 자연적 경향성을 억압하는 모든 사회적인 환경을 극복할 수 있도록 아동을 보호하는 일이다. 여기에서 루소의 소극적인 교육론을 알 수 있다.

그는 좋은 교육이란 본질적으로 소극적이라고 했다. 적극적인 교육은 자연성과 자주성을 해칠 위험이 있는 것으로 보았다. 그래서 교육은 진리나 지식을 가르치는 일이 아니고 그것을 발견할 수 있도록 돕는 일이며 진리를 발견하는 방법을 알도록 하는 일이다. 덕을 가르치는 것이 교육이 아니다. 소크라테스나 플라톤처럼 덕을 가르칠 수 있다는 견해와 '지식은 곧 덕'이라는 견해를 인정하지 않으려 했다. 다만 교육은 아동으로 하여금 악덕에 물들지 않도록 돕는 일이고 좋지 못한 사악한 환경만을 개선하면 아동의 자연성은 좋은 성장을 보일 것이라고 그는 확신했다. 그래서 교육이란 잘못된 정신으로부터 심정을 잘 보존하는 일이라고 생각했다. 그러므로 루소의 소극적인 교육은 바로 자연적인 교육과 일치한다.

 진정한 교육은 자기교육이다. 그는 에밀에게 말하기를 "너 스스로 생각하라. 자연의 주인처럼 행동하라. 그러면 너는 자연의 적은 되지 않을 것이다." 따라서 에밀은 자신의 자연적 경향성에 따라 자신을 스스로 교육한다. 바르게 판단하는 것을 배우는 최선의 방법은 우리의 경험을 최대한으로 단순화하고 경험 없이도 오류에 빠지지 않도록 하는 데 있다고 생각했다. 즉, 참다운 교육이란 교육하지 않는 것이다. 그 같은 측면에서 생각할 때 루소는 칸트 처럼 교육 낙관론이나 교육 만능론의 입장은 아닌 것이다. 교육에 높은 가치를 부여하지도 않았다. 그 자신의 표현으로 교육은 도덕이나 진리를 가르치는 데 있는 것이 아니고 아동의 정신을 악덕으로부터 그리고 그릇된 과오로부터 보호하는 데 있다고 하였다. 도리어 루소는 교육을 악으로까지 간주한다고 볼 수 있다. 그러나 그것은 필요악이라는 해석이 나온다.

 또한 듀랑 역시 교육은 인간을 선하게 만들지 못하고 다만 영리하게 보통은 악행을 위해 만들 뿐이다.

본능과 감정이 이성보다 훨씬 믿음직하다는 루소에 대한 이해를 하는 것은 그가 자연을 선으로 사회는 악의 근원으로 파악하는 입장에서 연유 된다. 교육은 사회의 요청이며 사회의 존속과 발전을 위한 사회적인 성격을 갖고 있기 때문이라 본다. 그는 사회뿐만 아니라 문화·문명도 선이기보다는 악이라고 간주했다. 그러므로 교육도 역시 사회적이고 문화의 일부분을 이루고 있으므로 그같이 파악하는 것은 당연하다고 하겠다.

루소는 인간의 부패와 사악을 방지하기 위해서는 또는 사회상태의 인간을 자연성과 인간성을 회복하고 선성을 실현하기 위해서는 교육을 수단으로 하지 않을 수 없는 것이다. 따라서 그에게 교육은 방법적인 원리의 성격이 강조된다. 이렇게 해서 교육의 필요성과 중요성을 누구보다 인정하고 있음을 알 수 있다.

식물은 재배에 의해서 성장하고 인간은 교육에 의해서 성장한다고 했으며, 우리 인간은 처음부터 연약하게 태어났기 때문에 강하게 할 필요가 있다. 아무것도 가지지 않고 태어났기 때문에 도움을 필요로 한다. 아무것도 알지 못하고 태어났기 때문에 이성을 필요로 한다. 출생시에는 가지지 않았던 것을 성인이 되었을 때 필요한 모든 것을 가지게 되면 그것은 교육이 우리에게 준 것이라고 교육의 필요성과 중요성을 말한다.

교육에는 사물·자연·인간이 있다. 이것이 곧 루소 교육의 3요소이며 또한 세 유형의 교육이라고 할 수 있다. 사물에 의한 교육, 자연에 의한 교육, 그리고 인간에 의한 교육이다. 물론 이 중에서 자연에 의한 교육이 중심을 이룬다. 자연·인간·사물이 인간을 교육한다고 했으며 우리는 세 유형의 교사를 가지고 있다. 세 유형의 교사의 가르침이 서로 모순되면 학생은 좋지 못한 교육을 받게 되고 결코 좋은 사람이 되지 못할 것이다. 만약 세 유형의 교사의 가르침이 조화를 이루면 학생 자신의 목적으로 지향되어 그는 훌륭한 생활을 할 수 있는 좋은 교육을 받는 사람이 될 것이라고 여겼다.

자연에 의한 교육은 강한 신체와 더불어 시작한다. 개개인의 자연적 흥미와 능력 요구를 존중한다. 그래서 자연의 교육은 감각과 신체를 존중하고 이성보다 감성을 더 존중하게 된다. 교육은 아동에게 고통을 견디는 것을 가르치는 것이 아니라 그들에게 고통을 느끼는 것을 가르치는 것이라고 하였다. 자연의 교육은 인위적이고 형식적이며 조작적인 교육을 거부한다. 자연환경과 인간의 내적 자연성에 의존한다. 그것은 자신의 경향성에 따른 자유로운 교육이다.

사물에 의한 교육은 우리들의 감각을 자극하는 주위의 환경과 대상 그리고 생활 속의 경험에 의한 교육이다. 사물의 교육은 인간과 사물, 주체와 객체의 필요의 관계에서 선택의 관계로, 즉 효용의 관계로 이행해간다. 에밀로 하여금 생활을 보다 편리하게 하기 위하여 사물을 선택하고 발견하는 것처럼 사물의 세계, 대상적인 객관적인 환경을 다룬다. 자연은 우리들의 능력과 힘을 발달케 한다. 인간은 우리들에게 그 힘과 능력의 사용법을 가르쳐 준다. 사물은 우리들의 감각을 자극하는 주위의 경험에 의해 직관을 통해 우리를 교육한다.

따라서 사물의 교육에서 경험과 직관을 통한 지적인 발달을 가져온다. 과학에 대한 발견학습과 발명을 위한 교육이다. 과학에 대한 발견학습과 발명을 위한 교육이다. 그러나 사물의 의존은 지적인 발달은 가져오지만 도덕의 발달은 가져오지 못한다. 자연의 교육과 사물의 교육은 비도덕적 교육이다.

인간의 교육에서 도덕이 발달한다. 인간과 인간의 관계에서 도덕은 존재하며 사회를 떠난 도덕은 무

의미하다.

여기에서 루소 교육은 자연적 혹은 소극적 교육과, 사회적 혹은 도덕교육 그리고 시민적 혹은 정치적 교육으로 발전한다. 즉, 자연과 사물과 인간의 요소의 교육에서 자연적·사회적·정치적 교육으로의 발전이 이루어진다. 이 같은 세 유형의 교육이 조화를 이룰 때 인간성은 조화 있게 발달할 수 있게 되며 따라서 교육의 이념이 성취되는 것이다. 나아가 이상적인 사회건설을 위한 교육의 목표가 달성될 수 있는 것이다.

3) 교육의 목적

교육과 인간의 관계는 이원양립의 관계가 아니라 일원적 통합의 관계라고 할 수 있다. 교육은 인간의 완성이며 인간성의 실현이다. 따라서 인간부재의 교육은 존재의미를 상실한다. 또한 인간은 교육의 피조물이라 할 수 있는 교육에 의해서만 인간다운 인간으로 성장발달이 가능하다. 그러므로 인간의 역사는 곧 교육의 역사이며 인간은 교육을 필요로 하는 유일한 동물이 되는 것이다.

루소 교육의 목적도 인간성의 완성이며, 조화로운

인간형성이다. 자연은 아동에게 먼저 인간이 되기를 요구한다. "생존한다는 것이야말로 내가 그에게 가르치려고 하는 직업이다"라고 하면서 "내가 원하는 것은 변호사도 군인도 성직자도 아니다. 인간이 되는 것이다"라고 그는 말한다.

그러면 인간성의 완성이 교육의 목적이라고 하면 구체적으로 어떠한 인간이 인간성이 완성된 인간인가. 참된 인간교육이란 무엇을 의미하는가. 그것은 먼저 비범한 인간이 아니라 평범한 인간이다. 플라톤이나 니체와 같은 사상가는 우수한 인간이나 천재가 이상형이었는데 반해 루소는 평범하고 자연적인 인간을 이상형으로 삼았다. 즉, "나의 아동은 천재도 아니고 불구자도 아니다. 나는 보통의 정신을 가진 사람을 교육에서 적합한 사람으로 선택할 것이다."라고 했다.

또한 모든 악은 허약한 데서 출발하므로 강한 의지와 강력한 신체는 강한 정신을 낳고 나아가 도덕적 품성의 기초가 되므로 먼저 강한 사람이어야 하고 건강한 사람이어야 한다. 그래서 비굴하지 않고 순종적 인간이 아닌 주체적이고 창의적 인간이 되는 것이다. 또한 부지런히 일하는 사람, 즉 노동하는 사람을 말한다. 모든 게으른 시민은 악한이라고 본다. 게으름이 부패와 타락의 근본이 되기 때문이다. 자기 스스로 노력하지 않고 게으르게 빵을 먹는 사람은 도둑보다 나을 게 없다. 일을 열심히 함으로써 어떠한 두려움도 아부도 할 필요가 없게 된다는 것이다.

나아가 사회적 조건에 적응하는 인간이기보다는 저항하고 비판하는 인간을 원했다. 불합리와 비리, 비인간적인 것을 거부할 줄 아는 건전한 판단력을 가진 사람이다.

에밀은 사막으로 추방된 야만인이 아니라, 도시에서 살아야 하는 야만인이다. 그는 도시 속에서 필요한 생활 자료를 어떻게 얻으며 그 주민들과 어떻게 어울리며 또는 그 주민들처럼 살지는 않더라도 적어도 그들과 함께 살려면 어떻게 할 것인가를 알아야 한다. 그는 그가 의존해야 할 많은 새로운 관계들 속에서 싫든 좋든 판단하지 않으면 안 되기 때문에 우리는 그에게 바르게 판단하도록 가르쳐야 한다는 것이다. 사회 속에서 생활하면서 편견에 사로잡히지 않고 자신의 가슴으로 느끼고 자신의 눈으로 보며, 자신의 판단으로 행동하는 인간이 올바른 인간이다. 그래서 항상 농부처럼 일하고 철학자처럼 사고해야 한다고 말했다.

참된 인간교육이 목적이며, 인간성의 완성을 지향 할 때 교육의 목적은 다양한 성격의 인간조건이 잘 통합되어 있는 인간이 될 것이고 그 같은 인간은 곧 도덕인이라고 할 수 있다. 자연적 선과 자유·질서·조화·평등·인내·용기·절제를 실현할 때 모든 시민은 도덕인이 되는 것이고 도덕적인 사회가 건설될 수 있다. 즉, 에밀의 발달은 비이성적·무도덕적·비사회적인 것으로 출발해서 사회적·도덕적 존재로 점점 성장해 간다는 사실을 알 수 있다.

4) 교육이념으로서의 도덕적 가치

루소의 가치체계는 이중구조가 대립 분열하면서 통합발전을 지향해 나가는 특징을 보인다. 현실의 인간에 대한 비관주의와 낙관주의가 이상주의적인 방향으로 발전한다. 인간은 선하나 그러나 사악하게 되어 있다. 이 같은 선악의 대립과 갈등은 자연상태와 사회상태가 대립하면서 도덕적 상태로 지향해 가듯이 선악의 대립은 결국 도덕인(道德人)으로 발전 한다.

인간의 이기주의적 경향과 이타주의적 경향도 결

국 일반의지에 의한 사회계약을 체결함으로써 도덕
공동체사회로 발전한다. 개인과 사회, 즉 자연적 개
인과 사회적 집단의 갈등관계 역시 조화롭고 통합
된 인간사회를 추구한다. 불평등하고 부자유에 대
한 끝없는 고발과 비판은 평등하고 자유롭고 정의
로운 사회로 지향해간다. 그러나 하나는 근본적인
것이고 자연적인데 다른 하나는 획득된 것이고 사
회적인 것이다. 즉, 인간사회는 이 두 가지가 항상
공존한다는 것이다.

우리들은 절대적인 행복이나 불행이라는 것을 알
지 못한다. 인간생활에는 이 모든 것이 혼합되어 있
다고 했다. 우리들의 정신의 감정은 우리들 신체의
변화와 같이 끊임없이 변하는 것이다. 불행과 행복
은 우리들에게 모두 공통적인 것이다. 불행과 행복
은 우리들에게 모두 공통적인 것이다. 다만 각각의
척도가 다를 뿐 이라고 한 루소 자신에게서 알 수
있다.

인간의 자연 상태는 선과 행복이며 나아가 즐거움
이라고 하면서 인간 존재의 운명이 고통을 불가피
하게 한다는 것이다. 아동의 마음속에 최초로 일어
나는 감정은 고통과 슬픔의 감정이다 그것은 그들
에게 필요한 모든 운동이 방해받고 있는 것을 발견

한다. 그들은 감옥의 죄인보다 더 불행하다. 그들은 발악을 해도 소용이 없다고 할 때 그 같은 고통과 불행의 원인은 인간자신의 과오와 사회적 구조의 모순에 기인된다는 것이 그의 견해이다.

"아동의 최초의 소리는 울음소리이다. 나는 그렇게 생각한다. 당신들은 아동의 출생시부터 아동의 자연성에 거역한다. 아동에 대한 최초의 선물은 구속이고 최초의 취급은 학대이다. 그들이 가지고 있는 자유는 울음소리뿐이니 왜 그들이 울음소리로써 불평을 나타내지 않겠는가?"라고 반문하면서 항상 괴로움이 따르는 것이 인간의 운명이라고 했다. 생을 보존하려면 고통이 따르는 법이라고 숙명론에 빠지기도 한다.

누구나 인생의 불행과 비애·질병·빈곤 등 온갖 고뇌를 면할 수는 없다. 마지막으로는 누구나 다 죽어야 할 운명을 가지고 있다. 이것이 진정한 모습이다. 이 모든 것은 누구도 면치 못한다고 본다. 그러면서 에밀은 근면하고 절제를 지키며 끈기 있고 굳건하게 그리고 용기 있게 생활한다. 이 같은 생활만이 자신의 운명을 개척할 수 있고 자연적 선성을 보존할 수 있고 자포자기에서 자신을 구제할 수 있다고 믿었다.

모든 악뿐만 아니라 모든 불행도 역시 약한 데서 생기는 것이다. 아이들은 약하기 때문에 악에 빠지기 쉽다. 그들을 강하게 해주면 선하게 된다는 것이다. 결국 교육이란 인간을 강하게 하는 것 외에 아무것도 아니다. 모든 것은 자신의 과오로 빚어지기 때문이다. 완전한 행복이란 세상에 존재하지 않는다. 그러나 불행 중에서도 큰 불행이란 자신의 잘못으로 불행하게 되는 것이니까 이것은 우리가 피할 수 있는 것이라고 본다. 덕은 가르칠 수 있는 것이 아니며 지식에 의해 도덕이 실현된다는 인지론적 입장도 지덕일치의 입장도 거부한다. 과학과 도덕 지식과 도덕은 양립할 수 없다고 보았다. 도리어 과학·문학·예술은 도덕의 가장 나쁜 적이며 노예의 근원이 된다고 주장한다. 왜냐하면 미국의 야만인처럼 나체로 돌아다니는 자들에게 구속이 강요될 수 없기 때문이라는 것이다.

우리는 배우지 않아도 참된 인간이 될 수 있다. 우리는 도덕을 배우느라 우리의 삶을 낭비하지 않아도 된다. 우리는 적은 대가로 사고(思考)의 거대한 궁전에서 더욱 분명한 지도를 받을 수 있다고 러셀은 루소를 이해했다. 도리어 지식이나 이성이 도덕의 기초가 되는 것이 아니라 감성을 따라야 덕은 실천할 수 있다고 하였다.

한편 그는 무지가 오히려 잘못된 거짓 지식이나 편견에 의한 지식보다 낫다는 입장이다. 위험한 것은 도리어 무지가 아니라 오류라고 하였다. 무지는 해를 끼치지 않고 오류만이 해가 된다. 따라서 우리들이 길을 방황하는 것은 무지 때문이 아니라 알고 있다고 믿는데서 오는 것임을 명심해야 한다고 그는 경고하면서, 우리는 지식을 가짐으로써 행복해지기보다는 오히려 무지가 훨씬 더 행복할는지 모른다.

학자는 비학자가 알지 못하는 수많은 것을 알고 있음을 누가 부정할 것인가. 그렇다고 해서 학자는 진리에 가까워지고 있을까? 전혀 그 반대이며 학자들은 앞으로 나가면 나갈수록 진리로부터 멀어져 간다. 왜냐하면 판단에서 오는 허영심이 지식의 진보보다 더 빨리 증가하기 때문에 그들은 진리를 하나씩 배울 때마다 백 가지 그릇된 판단이 따라오는 것이라고 한다. 그래서 유럽의 학자들이 사회가 허위의 공립학교에 불과 하다는 것은 자명하다고 한다.

이처럼 루소는 도덕의 기초는 지식이나 이성이 아니라 도리어 감성이며 그것은 양심이 옳고 그름의 척도가 된다. 감정과 양심은 우리를 속이지 못하고, 감정과 양심에 순종하는 사람은 자연을 따르는 사람이다. 과학은 사람을 과오로 이끌고 감정은 인간을 진실로 이끈다고 보았다.

양심은 정의와 덕의 내적 원리이다. 양심에 의해서 우리들 자신과 타인의 행동이 선한지 악한지를 판단한다. 루소는 양심은 이성이 아니고 감정이라고 생각한다. 양심은 우리를 어떤 행동을 지향하도록 또 어떤 행동은 하지 못하도록 하는 감정이다. 흡사 흄의 도덕적 정조라고 부르는 것과 같은 역할을 한다. 따라서 루소의 양심은 감정이며 선천적이며 충동이다. 충동이나 감정이 활발히 움직이지 않는다면 양심은 거기에 없는 것과 같다. 양심은 잠재적으로 존재하며 양심은 이성과는 독립적일 뿐만 아니라 이성보다 앞선 것이고 직접적인 것이다. 비록 결과는 이성의 결과와 합치되어도 양심 그것은 신성한 본능, 선천적인 불사의 소리이다. 그것은 무지하고 유한한, 총명하고 자유로운 존재의 확실한 지도자라고 한다.

이처럼 루소는 양심을 선악의 절대 확실한 근원으로서 신의 음성, 내적인 인간의 심정, 본능적이면서 생득적인 것으로 파악한다. 양심을 따르는 것은 곧 신의 명령을 따르는 것이 된다. 선을 떠나서는 신을 생각할 수 없음을 알 수 있다. 이래서 양심의 회복과 양심의 활동을 존중함으로써 도덕적 이념이 실현되며, 이성의 과오는 양심을 진단함으로써 수정될 수 있다고 믿는다. 또한 양심인 내적 소리를 들으면서 인간을 사회의 질곡으로부터 자신을 구제할 수 있다고 하였다.

루소는 양심의 존재에 높은 가치를 부여하였다. 그러나 양심은 쉽게 패배하는 속성을 지니고 있으며 인간의 부패나 타락을 방지하기에는 너무도 약하다고 보았다.

5) 교육이념의 구현자로서의 교사론

교육이념의 구현자로서 교사는 전통적인 교육에서의 교사와는 차이가 있다. 전통적인 교사는 교육의 중심일 뿐 아니라 교사는 때로는 권위자이며 때로는 훈육자이다. 나아가 학생 위에 군림하는 자이다. 모든 교육활동이 교사중심으로 진행된다. 그러나 루소의 교사는 그와는 대조적이다. 교사는 때로는 친구이며, 동료이며, 때로는 부모와 같고 때로는 상담자이다. 교사는 단지 교육활동을 돕고 협조하는 사람이다. 모든 교육은 아동중심이고 아동이 자발적으로 하는 교육을 원칙으로 하는 자기교육이므로 교사의 역할은 절대적이지 못하고 조언자에 지나지 않는다. 지식을 전달하거나 주입하지도 않고 권위의 상징으로 아동에게 명령하거나 지시하거나 강제하지 않는다.

그러나 아동의 요구에 부응하여 언제나 아동에게 사랑과 친절로써 그의 전 생활을 이끌어준다 아동을 악덕의 환경에서 보호하고, 알고 싶다는 의욕과 자극을 주고, 진리를 발견할 수 있도록 방법을 가르쳐 준다. 교사와 아동은 항상 서로 이해하고 사랑하며 존경하는 관계이다. 우리의 교육은 출생과 더불어 시작한다. 우리의 최초의 여교사는 우리에게 젖을 주는 어머니이며 무식한 아버지가 가장 훌륭한 교사보다 더 훌륭한 교사, 이상적인 교사라고 생각한다.

교사는 에밀로 하여금 혼자 힘으로 모든 문제를 해결하도록 하는 상황 속에 있도록 한다. 교사의 역할은 아동의 자발적인 발달을 방해하는 요인을 제거하고 아동을 사악하지 않도록 지켜준다. 아동에게 벌도 질책도 하지 않는다. 스스로 자신을 통제할 수 있도록 조력한다. 왜냐하면 최상의 교육은 자기교육, 자기생활의 교육, 자기통제이기 때문이다.

루소는 교사와 제자는 일심동체가 되어 일생의 운

명을 같이 하는 사람이라고 생각한다. 그러면서도 에밀은 고아이다. 설령 그의 부모가 생존하고 있어도 상관없다. "나는 그의 부모의 의무를 위탁받은 동시에 그의 권리도 위탁받고 있다"고 하였다. 그렇기 때문에 전통적인 교육에서의 교사보다 더욱더 교사의 중요성이 강조되며, 좋은 교사가 되기란 더욱 어렵다. 그래서 충분히 교육 받지 않은 교사가 어떻게 아동을 훌륭히 교육할 수 있을 것인가 라고 반문한다. 이상적인 교사를 찾아내는 것이 자기 자신이 교사가 되는 것보다 훨씬 힘이 들기 때문이다.

또한 루소는 이상적인 교사로서는 현명하기만 하면 젊을수록 좋다고 생각한다. 가능하다면 교사 자신이 아동인 것이 좋다. 그렇게 되면 그는 아동이 즐기는 것을 자신도 즐기면서 아동의 신뢰를 받을 수 있기 때문이라는 것이다. 그래서 전통적 교사들의 보수주의와, 아동의 세계와 아동의 요구를 이해하지 못한 교사의 권위주의와, 바람직하지 못한 아동관을 비판하고, 혁신적이고 진보적인 아동관을 가진 교사를 존중하고 있음을 알 수 있다.

(3) 교육내용

전통적으로 지식은 교육에서 가장 존중되는 가치였다. 그래서 교육이라고 하면 지식을 획득하고, 지식을 전달하고, 지적으로 성장하는 과정이라고 생각하는 것이 일반적인 경향이었다. 따라서 교육에서의 지식을 존중하는 주지주의적 입장은 크게 변화없이 과거나 지금이나 계속되고 있다.

루소는 전통적인 교육인 지식중심의 교육을 비판하기 시작했다. 물론 그 이전에도 지식의 존중을 의심하는 교육사상가가 있기는 했지만 루소가 가장 체계적·이론적으로 비판한 최초의 사상가라고 볼 수 있다. 그래서 주지주의 교육에서 전인주의 교육으로의 전기를 마련했으며 신인문주의 교육을 태동시킨 근원적 사상이기도 하였다. 루소의 이 같은 반지주의적 입장은 그의 주정주의 교육과 낭만주의 문학과 철학으로 발전하게 된 것이다.

지식의 증가는 슬픔의 증가를 낳을 뿐만 아니라 인간의 부패와 타락의 원인이 된다고 비판했다. 따라서 지식과 도덕은 양립할 수 없으며 과학과 산업 그리고 문명의 발달은 도덕의 가장 나쁜 적이라고까지 극언했다. 지식의 체계화인 책은 아동을 불행하게 하는 제일의 도구라고 여겼다.

 에밀은 추상적인 지식은 더욱이 관심이 없다. 형이
상학, 도덕에 관한 지식이나 교과는 알지도 못한다.
과학도 알지 못한다. 그러나 발견은 할 수 있다. 아
는 것이 중요한 것이 아니라 유용하다는 것이 중요
하다. 에밀의 지식은 자연과 사물에만 한정된 것이
며, 그는 역사라는 것은 이름조차 모르며 형이상학
이니 도덕이니 하는 것은 더군다나 모른다. 그는 인
간과 사물 사이의 기본적인 관계만을 알고 있지만
인간과 인간 사이의 도덕적 관계는 아무것도 모른
다고 말한다.

 모든 지식을 거부하는 것은 아니다. 지식 자체를
존중하는 전통적 입장을 비판하는 것이지 유용한
지식이나 지식의 획득이나 발견의 방법은 인정한
다. 에밀은 지식을 조금밖에 갖고 있지 않다. 그러나
그가 가지고 있는 지식은 진실로 그의 것이다. 그에
게는 불확실한 지식은 없다. 그가 알고 있는 지식
가운데 가장 중요한 지식은 그가 지금은 모르지만
후일에는 알 수 있는 것이 많이 있다.

 에밀은 박식하지는 않지만 박식해질 수 있는 정신
을 가지고 있다. "나는 그가 하는 모든 일에 대해
서 그가 무엇에 소용되는가를 발견하고, 자기가 믿

고 있는 모든 것에 대해서는 왜인가를 발견할 수 있다면 그것으로서 만족한다"고 했다. 루소가 존중하는 것은 지식의 가치보다 지식과 진리를 사랑하는 정신, 그것을 얻는 방법, 구체적이고 유용한 지식이다. 지식은 가지면 가질수록 그만큼 많은 오류에 빠지므로 오류를 피하는 유일한 방법은 무지이다. "판단하지 말라. 그러면 결코 오류를 범하는 일이 없을 것이다." 이것은 자연의 교훈인 동시에 이성의 교훈이라고 하였다.

루소는 교과서나 책을 존중하지 않았다. 따라서 교과 중심의 교육을 거부하는 것은 당연시된다. 더욱이 미리 구성된 교육과정(敎育課程)의 완전한 포기에 있다고 볼 수 있다.

교육과정에 아동을 맞추는 것이 아니고 아동의 자연성에 교육과정을 적합토록 하는 것이다. 전통적인 교과중심 교육에서 교육의 중력을 아동중심으로 전환시켰다. 과히 코페르니쿠스적 교육개혁이라고 할 수 있다. 학교는 지식을 획득하는 장소가 아니라 활동하는 장소 이며, 보다 광범한 세계 속에서 어떤 중요한 의미를 찾는 장소이다. 교육과정은 획득된 지식과 축적된 사실보다 활동과 경험이다. 이래서 경험중심·활동중심·생활중심의 교육과정의 사상적 근원이 주어진 것이다.

에밀의 유일한 책은 '로빈슨 크루소'이다. 그 책을 자연과학에 관한 모든 이야기가 주석되어있는 교과서로 여긴다. 생활의 필요성과 사실과 사물에 관한 직관을 통한 지식을 발견할 수 있는 책이다. 세계가 중요한 교과서이며, 사물의 세계, 대상의 세계가 생생한 책이며, 생활하고 활동하는 공간이 중요한 교육의 내용이 된다.

루소가 존중하는 교육은 실제적인 활동, 생산적인 노동, 혼자의 힘으로 남에 의존하지 않고 생활할 수 있는 자주적인 인간이 되는 데 필요한 직업교육이다. 그래서 그는 머리에 의한 교육보다 손에 의한 교육을 더 중요시하고 인간에게 있어서도 두뇌보다 가슴을 더 중요시하게 된다.

그는 재능 있는 사람을 바라지 않는다. 단지 상업을 하는 사람, 참다운 상인, 단순한 기능공, 머리보다 부지런히 손으로 일하는 사람을 바란다. 상업 재산가로 만들지 못해도 독립적인 사람을 만든다. 그래서 그는 교육과 노동, 직업과 교육을 결합시킨다. 따라서 절제와 노동은 인간의 진정한 의사이다. 노동은 인간의 식욕을 활발하게 하는 것이며 절제는 폭식을 방지한다고 보았다. 그는 이러한 이유에서 강하고 건강한 제자를 희망하고 있으며 또 제자를 건강하게하려고 한다. 그는 체력을 강하게 하고 건강을 증진하기 위하여 수공이나 체조가 유익하다는 것을 잘 알고 있다.

 루소는 체육과 신체적 교육을 중요시한다. 스파르타의 교육을 모범적으로 보는 것과 관련된다. 허약한 신체가 허약한 정신을 낳는다. 모든 사악함은 허약에서 생긴다. 그래서 끊임없이 운동하고 건강을 유지하고 노동을 권고한다. 항상 활동하는 사람, 힘이 있는 사람이 되도록 하라고 권한다. 그러면 이성적인 사람이 될 것으로 믿었다. 그래서 달리기·활쏘기·여행·사냥을 권한다. 사냥은 정욕을 지연시키는 데 이바지하고, 여행은 인간을 아는 데 좋다고 한다.

 그렇기 때문에 인간에게 생활비를 주는 모든 직업 가운데서 가장 자연의 상태에 가까운 것이 수공이라고 한다. 모든 신분 중에서 행운과 인간으로부터 가장 독립된 신분은 노동자이다. 노동자는 자신의 노동에만 의존한다. 그는 자유롭다고 찬미한다. 그리고 직업 중에서 농업은 인간에 있어서 제일가는 직업이다. 그것은 인간이 종사할 수 있는 직업 중에서 가장 정직하고 가장 유용하고 따라서 가장 고귀한 직업이라고 한다.

이 같은 그의 직업관은 자연주의 사상에 나왔을 것으로 볼 수 있다. 또한 그가 권하는 직업은 목수이다. 물론 이 직업도 수공활동과 직공을 긍정적으로 인정하는 그의 견해와 연관되지만 제자의 취미에 맞는 직업 중에서 가장 좋아하는 직업은 목수이다. 그 일은 깨끗하고 유용하며 집 안에서 할 수 있다. 그것은 충분히 신체의 훈련이 될 수 있으며 직공에게 숙련과 공부를 필요로 한다고 보았다.

루소는 특히 유아나 아동기에 우화나 동화에 의지하는 교육을 반대한다. 따라서 우화나 동화에 의한 학습은 청년기까지 연기한다. 왜냐하면 아동은 순수한 진리를 요구한다고 생각하기 때문이다. 우화는 재미있는 동시에 아동을 나쁘게 한다는 것을 생각하지 않는다. 아동은 허위를 좋아해서 진리를 잃어버린다는 것을 생각하지 못하고 우화를 아동의 교훈으로 삼는 사람들의 무교양은 이해할 수 없다. 우화는 성인에게는 교훈이 될지 모르지만 아동에게는 허망한 진리에 지나지 않는다. 우화는 아동에게 이해되지 못할 정도로 복잡하고 불합리한 것으로 아동에게 미덕을 가르치기보다는 도리어 악덕을 가르치기 때문이라는 것이다. 그래서 아동에게는 놀

이와 유희활동을 존중한다. 그리고 전기물(傳記物)을 공부함으로써 더 많은 것을 깨닫는다고 생각한다.

특히 그는 플루타르코스 전기를 좋아했다. 역사와 지리도 소년기와 청년기로 발달해감에 따라서 존중한다. 그러나 그가 말하는 역사는 자연사(自然史)에 가깝고 선악시비를 판단하는 도덕성의 발달과 관계되기 때문에 어느 정도 성장발달한 후에 부과한다. 따라서 그에게서 역사는 인간행위에 관련되는 역사이다. 루소에 의하면 역사는 사상의 역사도 권력의 역사도 아니다. 인간행위의 역사로서 일반적 행위에 관한 것이 아니라 특수한 성격의 행위에 관한 것이다.

지리는 자연 환경의 관찰에 의해서 배운다. 그의 지리는 그가 살고 있는 도시와 그의 아버지의 시골집과 더불어 시작한다. 자기 스스로 지도를 그리게 한다.

기하(幾何)는 독서하기 이전에 운동장에서 원을 그리면서 공부한다. 대수와 수학 공부는 도형과 기호로써 감각적인 직관으로 알도록 한다. 이렇게 함으로써 나중에 추상적인 사고력의 발달에 기초가 된다고 보았다.

청년기에는 아동기에 연기되고 보류되었던 공부가 시작된다. 도덕·종교·정치·문학·역사·지리·수학·자연과학을 생활 속에서 직관과 경험에 의해 실제적으로 공부한다. 자연환경 속에서 실증적인 지식을 획득하고 발견하는 것이다. 구체적인 문제와 사실적인 사상을 중심으로 유용성의 원리에 입각하여 공부한다.

루소의 노동과 교육, 직업교육은 단순히 생산적이고 현실적인 목적 외에 노동이야말로 인간 존재의 기초이고, 사회적 관계를 바르게 인식하는 기본이 되며, 사회질서의 가치를 이해시키고, 사회적 판단력을 발달시킨다고 본다. 따라서 직업과 기술교육이 인간의 독립정신·자주정신을 기르는 자유로운 인간교육·기초교육이라는 것은 중요한 의미를 지니고 있다고 보았다.

(4) 교육방법

1) 일반적인 방법원리
교육에 있어서 전통주의를 비판하고 자유주의적이고 진보적인 교육개혁을 주장한 루소 교육론에서 현대교육에 큰 영향을 미친 영역은 역시 교육방법이라 할 수 있다.

 아동에게 진리를 가르치고 지식을 가르치는 것보다 진리를 발견하는 방법을 가르치는 일이 더 중요하다고 여겼으며 과학을 가르치기보다는 과학을 사랑하는 취미를 일깨워주고 그 취미가 한층 발전했을 때에 과학을 할 수 있는 방법을 가르치는 일이 중요하다고 한다. 이것이야말로 모든 좋은 교육의 근본원리라고 믿는다. 그래서 방법을 가르치기 이전에 먼저 사물이나 주위 대상에 대하여 호기심을 갖는 것이 보다 중요하며 또한 그것에 애착을 느끼는 정신이 있음으로써 알고자하는 욕구가 발생하는 것이다. 따라서 먼저 교육에서 중요한 것은 욕구를 일으키는 일이다. 학습자 자신의 욕구와 의욕에서 학습에 대한 동기가 자발적으로 이루어져야 한다. 교육의 기술은 학생이 배우기를 원하도록 하는 데 있다. 싫어하면서 배우면 아무것도 배우지 못한다. 로크는 주사위를 가지고 읽는 법을 가르치려고 했다. 얼마나 훌륭한 생각인가. 그러나 또 얼마나 곤란한 일인가. 그보다 좋은 방법이 있다. 그 방법은 모두 잊어버리고 있다. 그것은 알려고 하는 욕망을 일으키도록 하는 일이다. 제자에게 욕망을 일으키게 하면 된다는 것이다.

이 같은 루소의 입장을 러스크가 말하기를 "실천할 수 있는 것을 바라는 사람은 참으로 자유로운 사람이요, 바라는 것을 실천할 수 있는 사람은 참으로 자유로운 사람이다. 이것이 나의 기본적인 입장이다. 이 같은 격률(格律)을 아동기에 적용한다. 그 같은 격률에서 모든 교육의 규범이 출발하게 될 것이다"라고 하였다. 그러므로 교육과 학습에 있어서 방법을 중요시한 루소의 의도는 바로 알고 싶고, 배우고 싶은 욕구를 일으키는 방법이 중요한 것이다. 그러면 교사는 무엇보다도 학생을 정확히 이해하고 아동의 세계에 항상 관심이 있어야만 할 것이다.

어떻게 바라는 것을 일으킬 수 있는가. 그것은 바라는 것은 탐구하고 발견하도록 하는 일이 그를 위하는 일이다. 그것을 그의 손이 닿을 수 있는 곳에 놓아두고 교묘하게 바라는 것이 일어나도록 하고 또 그것을 만족시킬 수단을 제공해 주기만 하면 된다. 따라서 질문은 되도록 하지 말 것이며 그 질문의 내용도 잘 선택된 것이라야 한다. 또한 그에게 질문하는 것보다는 그쪽에서 많은 질문을 해올 것이므로 그만큼 자신이 노출될 일은 적어진다.

또한 욕구가 일어나도록 하기 위해서는 아동의 생

활과 시간적·공간적으로 멀리 떨어져 있을수록 욕구와 관심 그리고 흥미 유발이 어렵게 된다. 따라서 현재의 관심과 호기심을 자극할 필요가 있으며 또한 감각에 호소한다. 왜냐하면 감각은 이성보다 일찍이 발달하기 때문이다. 감각이 이성에 이르는 최초의 길이 되어야 한다. 이성이 처음 작용할 때는 감각이 항상 그 선도자가 된다는 것이며 인간의 정신에 들어오는 모든 것은 감각을 통하여 들어오는 것이므로 인간의 최초의 이성은 감각적 이성이다. 이것이 지적 이성의 기초가 되는 것이다.

루소의 교육방법의 원리는 감각주의적이며 경험주의적이며 나아가 실재론적 입장이라 할 것이다. 이같은 그의 견해는 영국의 경험론자 로크와 베이컨의 영향과 프랑스의 유물론적 계몽주의자인 콩디약과 디드로, 헬베티우스의 영향과 관련된다고 보았다.

정신이라는 말은 철학을 배우지 않는 사람에게는 아무 의미가 없다. 정신이란 대중이나 어린이들에게는 한낱 형체에 불과하다. 따라서 루소는 감각에서 이성으로, 신체적인 데서 정신적인 것으로, 대상에 의한 직관과 경험에서 관념의 형성으로 발전해간다. 교육방법도 그 같은 과정과 순서를 따른다. 구체적인 것에서 추상적인 것으로 진행한다. 이것이 자연의 질서라고 간주한다.

 감각을 훈련한다는 것은 단순히 그것을 사용하는 것은 아니다. 감각을 통하여 바르게 판단하는 것, 말하자면 느끼는 것을 배우지 않으면 안 된다고 보았으며 우리들의 감각은 수동적이지만 우리들의 지각 또는 관념은 판단을 내리는 능동적 정신에서 생긴다고 보았다. 유아에서 아동·소년·청년으로 발달해가면서 점점 의존적이고 수동적인 행동과, 생활에서 능동적이고 적극적인 주체적인 인간으로 성장 발달하는 과정은, 감각은 수동적인데 이성은 창조적이고 능동적인 성격을 갖고 있으므로, 아동기에는 주로 감각에 의존하나 성장할수록 이성이 발달함으로써 능동적인 존재로 변화해 나가는 것이다.

 신체와 정신의 관계도 전술한 바 있지만 루소는 정신의 발달보다 신체의 발달과 건강을 우선하며 선행시키고 있다. 그래서 신체에서 정신으로 결국에는 도덕성의 발달을 지향하는 것이다. 학생들의 정신을 계발하려고 생각한다면 정신의 통제력을 기를 만한 여러 가지 체력을 단련하지 않으면 안 된다. 학생을 현명하고 이성적인 인간으로 만들기 위해서는 건강하고 강하게 키워야한다. 그에게 일도 시키고 활동하도록 하고 달리고 소리 지르고 항상 행동하도록 해야 한다. 우선 체력으로 성인이 되도록 해야 한다. 그러면 얼마 안 있어서 이성에 의해 행동하는 건전한 사람이 될 것이라고 했으며 또한 건강한 체력이 발달하는 것과 아울러 정신과 판단력이 발달한다. 즉, 심신이 동시에 발달한다고 한다.

신체가 건강하고 강해질수록 그는 분별력 있고 판단력 있는 인간이 되어가는 것이라고 한 것은 이 같은 그의 교육방법에 관한 기본적 입장을 말해 주고 있다. 즉, 정신의 발달을 위해서는 신체는 도구이며, 이성과 판단력의 발달을 위해서는 감각은 도구가 되므로 이 도구를 어떻게 발달시키느냐는 곧 이성과 정신의 발달에 기본이 되는 문제이다.

기술을 습득하려면 우선 도구가 있어야한다. 그리고 이 도구를 유용하게 사용하기 위해서는 이 도구가 사용에 견딜 수 있도록 견고하게 만들어야 한다. 그러므로 생각하는 것을 배우는 데는 우리의 정신의 도구인 팔 다리와 감각기관과 신체의 모든 기관을 단련하지 않으면 안 된다. 그러나 이 도구를 최대한으로 이용하려면 이 도구를 공급하는 신체가 건강하고 튼튼하지 않으면 안 된다. 결국 참된 인간의 이성은 신체와는 아무 관계없이 형성되기는 것

이 아니라 훌륭한 신체야말로 정신의 활동을 용이
하고 확실하게 하는 장본인인 것이라고 하였다. 따
라서 우리의 최초의 교사는 우리의 발, 손, 눈이라는
그의 주장은 이 같은 입장을 바탕으로 한다.

  루소의 교육방법 원리에서 감각을 우선하고 사물
이나 실물을 중요시하는 그의 직관중심의 교육은
곧 현재의 경험과 실제의 경험, 나아가서 생활의 경
험을 존중하는 입장으로 발전하게 된다. 즉, 현재의
관심이 교육의 원동이 되어야 하며 또한 가장 중요
하고 유일한 동기라 할 수 있다. 현재의 생활과 관
심이 동기가 되어 아동의 경험이 형성되고 활발한
활동이 유발되는 것이다. 따라서 우리의 참다운 교
사는 경험과 감각인데 사람은 자기가 놓여있는 관
계 밖에서는 자기에게 적당한 것을 충분히 느낄 수
없기 때문이다. 그러므로 자기의 경험이 교육활동
의 주인이 된다. 경험은 자기 자신이 스스로 하는
것이므로 가장 역동적이고 창조적인 교육이 이루어
질 수 있고 진정한 교사가 되는 것이다.

  교육에서 경험의 존중은 곧 실제를 중요시하고 실
물중심의 교육방법이 된다. 경험은 직접적으로 자
발직으로 그리고 현재의 생활환경과의 관계 속에서
일어나므로 경험 중심의 교육은 바로 교육에서 실

제를 존중시하고 실물과 사실을 존중하는 교육이 된다. 그리고 경험은 행동에 의해서 경험되므로 경험은 이처럼 정적인 것이 아니라 역동적인 것이다. 여기에서 교육의 관찰·실험을 존중하는 교육 방법이 자연히 도출된다.

교육방법에서 권위주의나 언어위주의 형식주의를 거부한다. 자기 스스로 경험하고 자발적으로 실제 생활 속에서 행동하면서 지식과 진리를 발견하도록 하는 것이다. 이 같은 방법 원리는 나중에 중요한 학습원리인 발견학습법으로 듀이의 실험법의 근원이 되었다.

학생들에게 지리를 가르친다고 지구의(地球儀)와 혼천의(渾天儀), 그리고 지도를 그에게 준비시키려 한다. 무슨 도구가 그렇게 많은지 이 모든 대용품들이 무슨 소용이 있겠는가. 왜 처음부터 실물을 보이지 않는가. 그러면 적어도 그는 무엇에 관해 이야기하는지를 알 수 있을 것이다.

이처럼 실물중심 학습은 나중에 페스탈로치에게서 보다 더 발전되어 갔다. 자기 스스로 행동하면서 배우며 물에 들어가지 않고는 수영을 배울 수 없다는 사실과 같은 원리가 된다. 이렇게 해서 교육방법의 주요원리인 교사중심이 아니라 아동중심 방법, 즉 아동의 활동이 언제나 강조된다. 모든 것은 사물을 통하고 실제적 활동에 의해서 배운다.

"나는 말로써 설명하는 것을 좋아하지 않는다. 젊은이들은 그런 것에 주의를 기울이지 않으며 거의 기억도 하지 않는다. 실물, 실물, 나는 아무리 되풀이해도 과하지 않다고 생각한다. 우리는 너무 말에만 치중하고 있다. 말이 너무 많은 교육에서 우리는 결국 말만 잘하는 사람을 만들 따름이다." 그리고 그는 모든 것을 자기 스스로 배우는 데 자기의 오성(悟性)을 사용할 뿐 타인의 오성에는 의존하지 않는다. 왜냐하면 인습에 굴복하지 않으려면 먼저 권위에 굴복하지 않아야하기 때문이다. 우리의 오류의 대부분은 자신에게서 생기기보다는 타인으로부터 오는 것이라고 하겠다.

교사는 아동에게 무엇을 주려고해서는 안 된다. 아동 자신으로 하여금 발견하게하지 않으면 안 된다. 이처럼 자발적인 학습법을 존중하게 되면 과오를 범하는 일이 생긴다. 그렇지만 그 같은 과오는 보다 좋은 경험이 되기 때문에 오히려 교육적이라고 한다. "그가 설령 틀리게 했더라도 내버려 두라. 고쳐주어서는 안 된다. 그 자신이 오류를 깨달아 스스로 고칠 수 있을 때까지는 잠자코 기다려야한다. 혹은 적당한 기회가 오더라도 기껏해야 그가 오류를 느낄 수 있을만한 어떤 조치만 마련해주면 된다. 그가 한 번도 틀린 일이 없으면 그는 완전하게 배울 수 없을 것이다"라고 했다.

그는 하나를 발견하고 하나를 알더라도 명료한 지식과 완전학습을 강조했다. "나의 교육정신은 학생에게 많은 것을 가르치는 것이 아니고 정확하고 명료한 관념이 아니면 결코 그의 머리속에 넣지 않음을 기억해주기 바란다"고 했다.

루소가 이처럼 경험을 존중하고 생활과 행동중심의 교육을 강조하기 때문에 또한 주지주의 교육이나 교과중심의 교육과정을 비판한 데서 책에 대해서는 높은 가치를 인정하지 않았다. 따라서 학습방법에도 암기식이나 주입식 교육을 거부하게 된다.

"책을 사용하는 것은 우리에게 생각하는 것을 가르치는 것이 아니라 타인의 이성을 사용하는 것을 가르치는 것이다. 그것은 우리에게 많은 것을 믿게 할 뿐 무엇 하나 알도록 가르치는 것이 아니다"라고 말했다. 그래서 특히 아동기까지는 책에 의한 교육을 거부한다.

아동들의 모든 교훈과 함께 아동들을 불행하게 하는 제일의 도구, 즉 책을 멀리한다. 책을 읽는 것은 아동기까지는 저주라고 보았다. 그렇지만 소년기로 접어들고 청년기가 되면 지적 탐구심과 호기심이 크게 발달하므로 책을 거부하지는 않으나 그래도 교과 중심에 흘러 경험과 생활, 실제적 행동에서 떠난 교육은 경계한다. 그래서 책이 우리에게 절대로 따르는 교육에 관한 가장 훌륭한 개론을 담은 책이 하나있다. 이것은 에밀이 읽은 최초의 책이 될 것이다. 이 책이 오랫동안 에밀의 책장을 장식할 단 한 권의 책이 될 것이며 그 후로도 계속 가장 훌륭한 책인 것이다. 이 책은 자연과학에 관한 우리의 모든 대화가 그 책의 주해 밖에 되지 않은 원전과도 같은 것이다. 이 책은 '로빈슨 크루소'라고 하여 예외를 두고 있다.

만약 에밀이 다른 아이들보다 책을 적게 읽는다면 그 아이는 자연이라는 책에서 더 잘 읽는다고 한다. 또한 책은 권위의 상징이며 권위 있는 사람에 의해서 쓰여 저서 아동의 현재와 욕구를 무시한 채 일방적으로 제시되기 때문이 또한 상류층의 계급적 이익이 반영되어 있으므로 인간을 그 같은 권위에 복종케 그들의 의도대로 이끌고 간다고 생각했다. 따라서 건전한 비판력도 독창적인 사고력도 자주적이고 생산적인 인간의 능력을 기르지 못한다는 것이다. 그래서 에밀이 12세가 되어도 책이 무엇인지를 모른다. 에밀은 어떤 것이라도 암송하지는 않는다. 우화라도 암송하지 않을 것이라고 하여 주입식 교육방법도 거부한다.

벌에 의한 교육의 방법도 거부한다. 도리어 신체적인 벌은 반대 하나 자연의 벌을 존중한다. 예컨대 "에밀이 창문을 깨뜨리면 추위에서 잠자게 하라. 그가 거짓말을 하면 그가 진실을 말할 때에도 그를 믿어주지 말라. 그의 행동의 결과가 그에게 미치는 영향을 스스로 느끼도록 하는 것이 자연의 벌이다." 또한 과잉보호나 애정도 아동의 건전한 발달을 방해한다. 따라서 사랑과 고통을 조절하는 것이 필요하다고 여긴다. 그리고 학습에 있어서 흥미를 존중한다. 흥미를 존중하는 것이 곧 자발적인 학습의 중요 한 동기가 된다.

2) 발달단계에 의한 교육방법

인간의 발달단계를 존중한 사람은 아리스토텔레스와 코메니우스이다. 그러나 각 발달단계에 따른 교육방법의 원리를 적용하여 체계화한 사람은 루소가 처음이라 할 수 있다.

루소는 그의 '에밀'에서 인간의 발달단계를 유아기(동물의 시기), 아동기(야만인의 시기), 소년기 (로빈슨 크루소의 시기), 청년기(합리적 사고 시기), 그리고 성인기(사회적 존재의 시기)로 구분했다.

각 단계는 그 자체가 목적이며, 독립된 전체를 이룬다. 각 단계는 다음 단계를 향하는 단순한 이행이 아니라 특별한 고유한 욕망과 요구가 있고 세계가 있고 특성을 갖고 있으며 완전히 실현되어야 할 형성이 있다고 보았다. 그래서 그는 유아기는 습관과 정서 훈련의 시기이고, 아동기는 필요성과 감각 훈련의 시기이고, 소년기는 유용성과 지적 훈련의 시기이고, 청년기는 도덕성과 사회성·심미적 훈련의 시기로 보았다.

처음에는 감성적 자기애에 의한 맹목적 행동으로, 이때는 자연의 교육과 소극적 교육의 특징을 이룬다. 그 다음에 아동이 발달해감에 따라서 자기애와 동정의 구분이 이루어지고 사물의 교육과 감각적 이성이 발달하게 되고 고독과 고립의 단계가 된다. 그리고 마지막으로 이성이 발달하고 사회성이 발달하면서 인간의 교육으로 도덕이 지배되는 교육으로 발달하며 처음에는 구체적이고 감각적 사고를 하던

단계를 지나서 추상적이고 논리적이며 관념적인 사고를 하게 된다.

아이들은 연령에 따라서 취급하는 것이 좋다. 먼저 처음에는 그를 그의 본래의 위치에 두고 그가 그 위치에서 떠나려고 하지 않도록 하는 것이 좋다. 그렇게 되면 그는 선을 알기 전에 가장 중요한 교훈을 실행하게 될 것이라고 했다.

각 단계는 그 단계대로 고유의 위험이 따른다. 모든 단계와 생에 있어서 지위는 자신의 완성을 갖고 있다. 그렇기 때문에 다음 단계로 이행하기 전에 완전히 탐구되지 않으면 안 된다는 것이다.

가) 유아기

유아기는 출생 이후부터 5세까지를 말한다. 물론 이때부터 교육은 시작되었다고 루소는 생각한다. 사람은 세상에 태어날 때 알고자하는 욕망을 가지고 태어났으며 배울 수 있는 능력을 갖고 태어난 것이다. 그러므로 경험이 교훈에 앞선다. 유아가 어머니의 얼굴을 알아볼 수 있을 때는 이미 많은 지식을 갖고 있는 것이라고 생각한다. 즉, 어머니가 아이에서 젖을 먹이는 순간부터 교육은 시작된 것이나 다

름없다.

아이들의 최초의 인상은 순순히 감각적이다. 그들은 다만 쾌락과 고통만을 지각한다. 그러므로 유아의 감각이 모든 지식의 최초의 기초이다. 이것을 적당한 순서로 그들에게 주어야한다. 그리고 그들의 기억에 의해서 나중에 그 기초를 그의 이해력에 부합되는 순서로 제시해주지 않으면 안 된다. 유아는 감각에만 주의를 기울이기 때문에 최초에는 모든 감각을 일으키는 사물의 관계를 분명히 알려주면 충분한 것이다. 유아는 무엇이든지 접촉해보고 싶어 하고 손으로 만져보려 한다. 이 같은 유아의 활동을 방해해서는 안 된다. 활동이 유아에게는 중요한 일이 되는 것이다.

유아기부터 강하게 키울 것을 루소는 주장한다. 스파르타의 교육을 모범으로 간주하기 때문에 어릴 때부터 어려움에 익숙하도록 신체를 강하게 할 것을 권한다. "자연을 관찰해보라. 그래서 자연의 길을 따르도록 하라. 자연은 부단히 아동을 단련시키고 있다. 자연은 모든 시련에서 어린이를 강하게 하고 있다. 일찍부터 그들에게 고통과 비애를 가르치고 있다"고 하였으며, "모든 어려움에 그들을 익숙하게 하는 것이 좋을 것이다. 계절의 불순이나 여러 가지 기후나 자연 조건·기아·갈증·피로 등을 경험시켜서 그들의 신체를 단련시키는 것이 좋을 것이다"라고 말한다.

유아의 발달은 감각과 정서의 발달에서부터 시작하므로 유아는 눈으로 보고 손으로 만지며 귀로써 듣고, 시각과 촉각으로써 비교하고 손가락으로 감촉한 감각을 눈으로 계량함으로써 여러 가지 물건의 뜨거움과 차가움, 단단함과 부드러움, 무거움과 가벼움 등을 지각하고 그의 크기·모양이 인지되는 모든 사물의 성질을 판단하는 것을 배우게 된다는 것이다.

유아의 모든 발달에는 순서가 있고 질서가 있듯이 이것을 거역하는 것은 반자연이기 때문에 강제로 유아의 발달을 조절할 수는 없다. "여러분은 아이들이 진실로 필요한 것에만 주의를 기울이도록 하고 그 외의 것에 대해서는 아이들 자신이 노력해서 필요한 것을 얻도록 하라." 또 아이들이 빨리 말하도록 급히 서둘러서도 안 된다. 아이들은 말할 필요를 느낄 때는 그것을 자연히 배우게 되는 것이다. 그러므로 무리하게 일찍부터 말을 강제적으로 배운 아이들은 정확하게 발음을 배울 여가를 가지지 못하여 자기가 하는 말의 의미도 이해할 여유도 없는 것이다. 그러나 자유로운 아이들은 먼저 쉽게 발음할 수 있는 음절을 혼자서 연습하고 따라서 여기에 조금씩 의미를 붙여 간다고 한다.

 유아기에 사용하는 단어는 될 수 있는 한 수를 적게 하는 것이 좋다. 관념보다 많은 단어를 알고 있다는 것은 옳지 못하다. 사고할 수 없는 사실을 입으로 말할 수 있다는 것은 감각은 되어도 관념의 형성은 되지 못하며 나아가 아이의 정신발달에 아무런 이득이 되지 못한다.

나)아동기

 아동기는 6세부터 12세까지이다. 이 시기는 학교교육이 시작하는 시기이다. 이 시기는 감각적 흥미가 지배적이고 에밀의 관심은 감각에 의해서 탐구하는 자연의 세계에 집중될 것이다. 물론 이 시기에는 도덕적 훈련도 이성의 능력도 존재하지 않는다.

 루소는 자연은 감각의 훈련을 위해서 12세까지 준비해 두었다고 한다. 감각과 지각은 이성의 기초이며 도덕성 발달의 기초가 된다. 아동을 둘러싼 모두가 한 권의 책이며 보는 것, 듣는 것 모두가 인상을 주어 관념을 형성한다. 사물의 감각이야말로 모든 지식의 자료이며, 사물을 감각함으로써 관념을 형성한다. 그래서 우리의 최초의 교사는 발·손·눈이라고 한 것이다.

"아동은 오직 사물에만 의존토록 하라. 그러면 아동교육의 진행은 자연의 순서에 일치하게 된다. 아동이 자연의 순서를 그르칠 때에는 육체적인 장애만을 주도록 하라. 아동 자신의 행동에서 자연의 벌이 생기도록 하라"고 하였다. "자연은 아동의 성장을 위해서 독특한 방법을 가지고 있다. 이것을 역행해서는 안 된다. 아동이 뛰어 놀려고 할 때는 그들에게 조용히 있으라고 강요해서는 안 된다. 또 아동이 조용히 있고자 할 때는 아동에게 뛰어다니라고 강요해서도 안 된다. 아동이 뛰고 싶으면 뛰도록 해주는 것이 좋다. 달리고 싶으면 달리도록 함이 좋다." 그래서 루소는 "아동을 사랑하라. 아동이 그들의 유희·오락 등을 사랑해야 할 본능에 집중하도록 하라. 무엇 때문에 여러분은 잠깐 지나가 버릴 즐거움을 이 순진한 아동으로부터 빼앗으려 하는가"고 반문하면서 "불확실한 미래를 위해서 현재를 희생하는 것과 같은 잘못된 교육을 생각하는 것은 얼마나 어리석은 것인가. 모든 종류의 쇠사슬로 아동을 속박하여 결코 아동이 향락할 수 없다고 생각하지 않으면 안 될 먼 장래의 행복을 위해서 아동기를 불행하게 하는 쓸데없는 교육을 한다는 것은 무슨 일일까?"고 반문한다.

슬프게도 즐겁게 놀 아동기를 눈물과 벌과 두려움과 같은 복종 속에서 그 시기를 보내게 한다. 이러한 전통적인 교육은 잘못된 아동관으로서 아동의 세계를 잘못 이해하고 있을 뿐만 아니라 아동으로서의 권리와 그들의 요구를 인정해주지 않는다고 비판하면서 세상의 아버지와 교사들은 아동을 아동으로서 교육하지 않고 학자로 만들려고 하기 때문에 아동을 꾸짖고 매질하고 벌주고 교훈을 주며 위협하고 칭찬하고 가르치고 이해시키려고 하지 않으면 안 되는 것이다. 보다 합리적으로 하지 않으면 안 된다는 것이다.

아동은 축소된 성인이 아니다. 그들은 성인처럼 행동하지도 사고하지도 않는다. 그들을 불완전한 성인으로 취급해서는 안 된다. 그들은 그들 고유의 발달과 사고와 감정의 독특한 완성이 있다는 것이다. "성인은 성인으로서 취급하고 아동은 아동으로서 취급하지 않으면 안 될 것이다. 그들 각자에게 각자의 위치를 주어서 그것을 지키도록 하라. 인간의 자연에 따라서 그의 정열을 맞추어라. 이것이 우리들이 인간을 행복하게 하는 전부이다"라고 생각한다.

아동은 동물이어서도 안 되고 성인이어서도 안 된다. 아동은 어디까지나 아동이 아니면 안 된다는 것이다. 자연은 성인이 될 때까지는 아동은 아동으로서 그대로 두고 싶어 한다. 만약 우리들이 이 순서를 변경하려고하면 아동은 잘 성숙하지 않고 맛이 없는 조숙한 과일과 같아서 곧 썩어 버릴 것이다. 아동은 젊은 학자나 나이가 든 아동이 되어 버릴 것이다. 아동이 보는 것, 생각하는 것, 느끼는 것은 독특한 것이다. 그것을 우리 자신이 보고 생각하고 느끼는 것과 같이 생각하면 그것은 아주 어리석은 일이라고 경고한다.

"아동은 인간으로서 또는 아동으로서 태어나 자유롭게 태어난다. 그들의 자유는 그들의 것이므로 다른 누구도 그것을 마음대로 처분할 권리가 없다."는 루소의 아동관은 아동은 자유의 주체이다. 아동의 자기 활동성 흥미를 존중하며 아동의 자연적 본성은 선이므로 이 같은 선성을 보존하고 사악에 물들지 않도록 하는 것이 교육이어야 한다는 것이다.

한편 유아기와 아동기는 인간의 일생에 있어서 초

기 단계이므로 참으로 중요한 단계이다. 이 시기에 잘못된 성장 발달은 여러 가지 악의 요인이 된다고 한다.

인생에 있어서 가장 위험한 시기는 출생에서 12세까지의 시기이다. 이 시기에는 여러 가지 비행이나 악덕의 싹이 트지만 그것을 없애 버리는 수단은 아직 가지지 않는 것이다. 그래서 이 시기의 교육은 많은 주의와 관심이 필요하고 교육적 애정이 요청되는 시기이다. 왜냐하면 모든 것이 미성숙 되어 있고 발달의 과정에 있으며 자아와 이성이 아직 미발달이므로 자기 스스로 건전한 판단을 하지 못하기 때문이다. 따라서 이상한 인상이 아동의 마음에 들어오지 않도록 예방하지 않으면 안 된다. 그렇게 해서 악의 싹이 트는 것을 피하려고 생각한다면 선을 급히 서둘러서도 안 된다. 왜냐하면 선은 이성의 빛으로 밝혀질 때까지는 선이 아니기 때문이라는 것이다.

아동에게는 판단하는 능력이 부족하기 때문에 따라서 참다운 기억을 하지 못한다고 본다. 따라서 "여러분의 제자에게 말만으로 어떤 교훈을 하여서는 안 된다. 그들에게는 경험만으로 교훈을 받도록 해야 될 것이다. 결코 그를 처벌해서는 안 된다. 왜냐하면 그는 잘못을 저질렀다는 사실을 알지 못하기 때문이다. 아동의 행위는 전혀 도덕적 의미가 없다. 그러므로 도덕적으로 나쁜 행위를 할 수 없다. 따라서 아동을 처벌해서도 안 되고 질책해서도 안 된다. 그리고 아동에게 결코 명령해서는 안 된다. 어떠한 일이 있어도 절대로 명령해서는 안 된다. 아동을 강제하는 것은 실력이지 권위가 아니라는 것을 알도록 해야 한다"고 하면서 루소 교육방법에서 일관하고 있는 것은 통제하고, 강제하며, 명령하는 것 그리고 권위에 의한 지배를 철저히 거부하는 것이다. 오직 자연적인 벌 외에는 인정하지 않는다. 자기 스스로 잘못을 반성하도록 하는 것이 최선의 교육방법이다.

아동에게는 항상 자기가 주인이라는 생각을 갖게 하라고 한다. 설령 아동은 요구하지 않으면 안 되지만 명령해서도 안 된다. 아동이 타인에 따르는 것은 다만 자신에 필요하기 때문이다. 어떠한 사람도 아동에게 조금도 이익이 되지 않는 것을 그에게 명령할 권리는 없는 것이다. 아버지라도 그런 권리를 가지고 있지 않다는 것이다.

그렇다고 아동을 과잉보호하거나 과잉 애정으로 다루어서는 더욱더 안 된다는 것이 루소의 기본 입장이다. 너무 지나치게 엄격한 것과 너무 지나치게 관대하게 하는 것은 피하지 않으면 안 된다. 만약 아동을 너무 사랑해서 어떠한 불편이라도 경험시키지 않으면 그들에게 미래의 많은 불행을 준비하고 있는 셈이 된다. 그들을 약하고 소심하게 만드는 일이다. 그래서 그는 말하기를 "나는 아동을 자유로이 해주어서 아동이 현재의 행복을 얻도록 하려는 것이다. 또 나는 아동이 미래에 받지 않으면 안 될 고통을 참도록 단련해서 그들의 미래를 행복하게 하려는 것이다"라고 한다. "나는 큰 행복을 느끼기 위해서는 작은 고통을 알고 있어야만 한다고 생각한다. 이것이 인간의 자연이다. 신체가 너무 편하면 정신이 부패하게 된다. 고통을 모르는 사람은 친구에 대해서도 인정도 알지 못하고 동정의 기쁨도 가지지 못한다. 이 같은 사람은 완고하고 비사회적인 사람으로 괴물에 지나지 않는다"고 고통에 대한 가치를 높이 인정했다.

아동에게는 명령하고 그들을 복종하도록 하는 어떠한 권위나 아동에 대한 구속은 아동의 건전한 발달을 방해한다. 그 같은 교육은 나중에 인간에게 노예근성이나 유순하지만 주체성이 없는 나약한 인간으로 만든다. 악에 저항하지 못하는 인간이 된다. 오

직 아동은 그들의 자연성과 필요성에만 따르도록
하여야 한다는 것이다.

아동에게 있어서는 모든 것이 하나의 유희이며 또
그렇게 되지 않으면 안 된다는 것이다. 그러므로 아
동들이 원한다고 해주지 않고 아동에게 필요하다는
이유에서 해주지 않으면 안 된다. 또 아동은 복종에
서가 아니고 필요에 따라서 행동하도록 하지 않으
면 안 된다. 복종이라는 단어와 명령이라는 단어는
아동의 사전에서 빼 버리는 것이 좋으며 의무라는
말과 강제라는 말도 없애는 것이 좋다. 왜냐하면 이
성이 미발달이기 때문에 자아가 미성숙하므로 도덕
적인 행동과 사고, 그리고 사회적 행동과 인식이 불
가능하기 때문이다.

그래서 아동에게 가르치는 것은 항상 구체적인 사
물과 더불어 가르치고 직접적인 경험으로 배우도록
하는 것이 효과적이다. 언어 중심이나 추상적으로
가르치는 것은 효과가 없다. 아동에게 가르치는 것
은 다만 말로써 가르쳐서는 안 된다. 아동이 경험에
의해서 자연히 배우도록 해야 할 것이다. 따라서 교
과서나 책에 의한 교육은 하지 않도록 권고한다.

에밀이 12세가 될 때까지 책이 무엇인지 모르고 있
다. "그들이 들어간 방에서 나는 책을 본다. 책이

아이들에게 얼마나 슬픈 장치인가. 가엾은 아동은 끌려간다. 주위의 모든 것을 원망스럽게 바라보며, 말없이 간다"고 한탄조로 책을 거부한다. 대개 아동기까지가 그러하다.

다) 소년기

 소년기는 13세에서부터 15세까지를 말한다. 소년기는 활동이 왕성한 시기이며 학습과 탐구의 시기이다.

 아동기까지는 이성이 잠들고 있는 시기라고 볼 수 있으나 이 시기가 되면 서서히 이성이 깨어나기 시작한다. 따라서 지금까지는 교육을 위한 준비시간이라 할 수 있으나 이제부터는 교육하는 시기가 온 셈이다.

 12, 3세가 되면 소년의 체력은 욕망보다 훨씬 빨리 발달하며 인간의 체력이 욕망보다 강한 이 시기는 절대적으로 최대의 체력을 갖는 시기는 아닐지라도 이미 말한 것처럼 상대적으로 최대의 체력을 갖는 시기이다. 체력의 발달과 함께 이성이 발달하고 지적인 욕구가 더욱 강해진다. 본능이 인간의 여러 능력을 자극한다. 스스로 발달하려는 신체의 활동 다

음에는 스스로 지식을 구하려는 정신의 활동이 계속된다.

아이들은 최초에는 단지 몸을 움직이기만 하지만 나중에는 호기심이 싹튼다. 그리고 그 호기심은 잘만 지도하면 정신력을 발달시키게 된다고 본다. 즉, 신체와 감각의 왕성한 활동에 의해서 정신과 판단력, 그리고 자아의식이 점점 도야된다. 이제 소년은 사고하는 사람, 일하는 사람, 무엇인가 일하는 강한 탐구심을 가진 사람, 사랑스럽고 부드러운 심정을 갖고서 감정을 통한 이성을 완성해 나가고 있는 사람으로 보게 된다.

우리의 어린이는 이제 어린이가 아니다. 한 사람의 인격체가 되려고 한다. 그는 지금 자기를 여러 가지 사물에 결부시킬 필요를 어느 때보다 많이 느끼고 있다. 우리는 그를 처음에는 신체와 감각의 훈련부터 시작한 다음 그의 정신과 판단력을 연마한다. 우리는 그를 활동적이며 사고하는 인간으로 만든다. 그를 인간으로서 완성시키기 위하여 이제 남은 일은 그를 정이 있고 감수성이 있는 인간으로 만드는 것뿐이다.

루소는 소년기를 감성에 의해 이성을 완성시키는 시기라고 본다.

인간은 처음 어린 시기에는 감각에 의한 활동이 대부분이었는데 이제는 관념을 형성하기 시작하고 전에는 느낄 줄 밖에 몰랐는데 이제는 자기 판단을 한다. 소년은 로빈슨 크루소와 같은 자연적 흥미를 일으키고 자연적 대상과 사물에 관심과 호기심을 자극하는 책을 갖고서 자연과학과 상업에 관한 것을 스스로 배우고 알려고 한다.

유용성에 근원하는 자연적 흥미는 자연히 많은 것을 경험하고 싶어 한다. 자신과 타인의 관계에 대해서 알고자한다. 이제 인간은 상호간에 유익하다는 것을 가르칠 시기가 된 것이고, 도덕의식의 발달을 볼 수 있다. 따라서 사회적 관계의식이 발달하는 것이다. 그러면서 자신은 타인에 대하여 불안과 호기심이 교차되면서 고독도 느낀다.

그러나 소년기에도 역시 교과서에 의한 책은 권하지 않는다. 비록 지적 욕구가 왕성할지라도 그 같은 욕구와 호기심을 자연과 사물 그리고 세계로 돌리도록 하라고 말한다. 세계라는 책 외에는 어떠한 책도 필요하지 않으며 사실 이외는 어떠한 교육도 필요 없다. 책을 읽는 소년은 생각하지 않는다. 그저 읽을 뿐이다. 그는 배우는 것이 아니라 낱말을 외울 뿐이라고 보았다. 그래서 "학생의 주의를 자연현상으로 기울게 하라. 그러면 곧 호기심을 가질 것이다. 그러나 그 호기심을 만족시키려고 서둘러서는 안 된다. 그의 능력이 미치는 곳에 문제를 두고 그 자신이 그것을 스스로 해결하도록 하라. 여러분이 말해 주어서는 안 된다. 그 자신이 깨달아서 알도록 하라. 그에게 과학을 가르치지 말고 그가 그것을 발견해 내도록하라. 만약 그의 머릿속에 이성 대신에 권위를 심어주면 그는 더 이상 이성이 작용할 수 없게 될 것이다. 그 후로는 타인의 사고를 가지고 장난하는 데 불과하다"고 하였다.

루소의 일관된 교육방법의 근본은 권위와 통제가 아닌 자발적인 자기학습, 직관에 의한 경험 학습이다. 현재의 생활을 존중하고 소년기의 발달단계와 발달과업에 적합한 교육을 주장한다. 그래서 추상적이고 관념적인 학습법은 지양한다. "종교와 도덕에 관한 체계적인 공부는 연기될지라도 그에 관한 관심과 의식은 발달하기 시작한다. 이 시기에는 어린이를 같은 대상에 일관된 주의를 기울일 수 있도록 조금씩 길을 들여야 할 시기이다. 그러나 이러한 주의력을 끄는 것은 강제적이어서는 안 된다. 항상 기쁨과 욕망에서 나와야한다"고 계속 강조한다. "어린이가 볼 수 없는 것은 결코 아무것도 가르치지 말라. 인류(人類)라는 것은 거의 알지 못하기 때문에 그를 성인의 상태로 끌어올릴 수 없기 때문에 그를 위해 성인을 그들의 상태로 낮추도록 하라"고한다.

라) 청년기

청년기는 16세에서부터 20세까지를 말한다. 이 시기에는 합리적으로 사고하기 시작한다. 청년기는 아동과 성인간의 교량을 이루는 위기의 중간시기이며 주변시기이다. 학교 교육이 완성되는 시기이고 진정한 교육이 시작되는 시기이다.

지금까지의 자연적이고 소극적인 교육이 도덕적이고 사회적이며 적극적인 교육으로 발전해 간다. 자연적이고 신체적 인간이 형성되던 시기에서 정신적·도덕적 그리고 사회적 인간으로 발달해가는 것이다. 이제까지의 사물과 자연에 의한 관계와 호기심에서 인간과 세계·사회·종교·도덕, 그리고 상상의 세계에로 관심이 확대되고 심화되어 간다. 구체적이고 대상적인 것에서 형이상학적이고 미지의 세계로 실재계에서 관념으로 사고의 변화가 일어난다. 즉, 새로운 세계가 발견되고 새로운 인간이 탄생되며 새로운 관계가 시작되고 진정한 자기교육이 발달. 그래서 이 시기는 제 2의 탄생이라고 말한다.

우리는 말하자면 두 번 태어난다. 한 번은 생존하기 위해서 태어난다. 한 번은 인간으로서 태어나고, 또 한 번은 남성이나 여성으로서 태어난다고 한다. 이것이 그가 말한 '제2의 탄생'이다. 여기서 인간은 참다운 인생으로 태어나며 인간적인 것이면 무엇하나 그에게 무관한 것이 없게 된다. "지금까지 우리의 갖가지 배려는 어린이의 유희에 불과하다. 그러나 이제 우리의 배려는 참다운 중요성을 가지게 된다. 보통교육이 끝나는 이 시기는 바로 우리의 교육이 시작되어야하는 시기이다"라고 한다.

루소에 있어서, 뚜렷한 양극의 단계가 구분되면서 한 단계가 지나고 새로운 한 단계가 시작되는 시기가 청년기라고 본다. 자연적이고 소극적인 단계와 사회적이고 적극적인 단계 간의 직접적인 대립은 능력이 발달해가는 루소 이론의 양극이라는 견해가 적합해진다. 따라서 청년기에는 성에 대한 관심과 더불어 모든 인간의 관계에 대한 관심도 발달한다. 인류에 대한 동포와 민족에 관한 이웃과 동료에 대해 사랑과 동정심이 발달하고 연민의 정도 발달한다. 그래서 우애와 사회성이 발달하고 세계관이 형성되고 나아가 도덕성의 발달과 종교에 관한 관심이 높아진다. 독립심과 자아가 크게 발달하고 판단력·분석력·비판력·종합력과 같은 고등 정신 능력이 크게 발달한다. 따라서 자기 충족적 인간을 지향한다.

여행을 하고 싶어 하고 여러 직업에 대해 알고 싶어 한다. 국가와 정부에 대해서도 배우고 싶어 한다. 다양한 학문과 예술에 관심을 갖고서 토론하고 대화하고 독서하면서 자기의 지적 세계를 넓혀가고 지식을 획득해 간다. 지식에 대한 가치가 높아져 간다. 지성과 이성의 왕성한 발달이 따른다. 이전에 미성숙으로 적합하지 않다고 연기되고 거부된 공부가 이제 다시 존중된다. 그래서 교육의 방향전환이 시도되며 교육방법에도 교육내용에도 변화가 일어난다. 이때 동화와 우화가 제시된다. 자연 과학이나 상업 그리고 실과중심의 교육에서 인문과학이 사회과학과 정신과학으로 윤리·종교·미학·정치·법률 제 2 외국어에 관심이 집중되고 존중된다.

마) 성인기
21세부터 성인기가 된다. 이 시기는 학교교육이 끝

나고 사회인이 되는 시기이다. 약혼하고 결혼해서 사회적·경제적으로는 물론이고 정신적으로 독립된 인격체로서 참다운 자기의 생활을 영위하며 가정을 이루고 정치적이고 법률적인 공민(公民)으로서 권리와 의무를 수행해 나간다.

가정적으로는 이제는 부모로서 자녀를 기르고 가르치는 교사가 된다. 또 그들의 친구로서 지위와 역할이 다양하게 분화되어 간다. 사회적으로는 사회인으로서 혹은 한 사람의 집단과 조직의 일원일 뿐만 아니라 직장의 일원으로 사회적인 지위와 역할을 수행한다. 따라서 사회라는 넓은 학교의 사회적인 교육이다. 성숙자로서 모범을 보이고 미성인을 이끌고 가르치는 입장에 서게 된다. 이렇게 하여 가정과 사회와 국가 그리고 개인과 사회 혹은 직업의 사회적인 관계 속에서 자기의 세계와 이상을 실천간다.

루소는 특히 성인기에는 여성교육과 가정교육에 관해 상세히 그의 교육관을 제시하고 있다. 그리고 종교와 교육, 여성과 종교의 관계도 다루고 있다.

이상으로 인간의 발달 단계를 5단계로 구분해서 각 단계에는 고유의 발달과업과 발달특징을 인정하고 그것을 존중하고 그에 적합한 교육을 하는 것이 합자연의 원리에 따르는 교육이라고 한다. 이 같은 발달단계와 발달에 따른 특징은 여러 많은 심리학자, 혹은 발달심리학자와 많은 교육학자의 관심을 끌었으며 시사를 주었고 또한 그의 이론을 더욱 발전시켜서 오늘날에는 보다 과학적인 연구와 분석 실험적인 탐구로 인하여 다소 고전적인 발달론으로 평가될 수 있으나 현대 교육에 미친 공적은 크다 할 수 있다.

(5) 결론

지금까지 자연주의 교육의 이념과 방법을 루소의 '에밀'을 중심으로 고찰해 보았다. 먼저 교육이념으로서 루소가 전통적인 교육을 어떻게 비판하면서 새로운 교육으로의 방향을 제시하고 있는가의 문제에서는 무엇보다도 지금까지 기독교 중심의 세계관이 지배하면서 인간의 본성도 사악하게 규정하였다. 따라서 교육의 이념과 내용, 방법 역시 그 같은 인간관에 입각한 교육이었으며 인간은 신의 영광과 내세(來世)를 위하고 인간의 구제를 위해서는 복종과 겸양 그리고 악한 인간본성의 억압과 금

욕·절제가 미덕으로 높게 평가되었다.

　교육의 이념에서 모든 진리·가치·인식 그리고 사랑의 근원은 신에 귀일되므로 자연히 교육은 주입식으로 통제적인 교육 훈련으로 나아가 교육의 목적은 인간 자연성을 존중해서 내면에서 자발적으로 지향하는 자기목적이 되지 못하고 외적으로 어떤 형의 인간이 이미 종교적으로 설정되어 있고 거기에 부합되는 인간의 교육은 결국 주조형의 교육이 되었던 것이다.

　루소는 이러한 전통적인 인간관을 비판하고 인간의 본성을 선으로 규정하고 인간의 선성을 억압하는 어떠한 교육도 인정하지 않았다. 따라서 지금까지의 교육이념·내용·방법을 거부하고 인간개조와 사회개조는 새로운 교육개혁으로 성취하고자 하였다. 그래서 루소에 의해서 인간의 권리·자유·평등이 강조되고 인간존엄의 사상, 즉 휴머니즘의 사상이 다시 제창되었으며 인간이 재발견되고 나아가 인간해방의 자유주의 사상에 불을 붙였다. 인간의 발견은 나아가 아동의 발견으로 발전하였고 아동의 권리가 존중되고 아동의 세계에 대한 이해가 보다 새로운 시각에서 조명되기 시작한 것이다.

　루소는 자연과 사회를 대립과 갈등의 관계로 파악

했다. 그에 의하면 자연이 선이면 사회는 악이다. 선은 태어날 때부터 악은 사회에 의한 획득적인 것이다. 그러나 자연 상태에서 사회상태로의 이행은 불가항력적이다. 인간본성의 자연적 정열인 자기애와 연민의 정은 발전되고 변화되고 인간의 자연적 욕구의 발생은 이타적인 것으로 또한 이기적인 것으로 발전한다. 소유욕구는 자기능력과의 관계에서 평형이 깨어지면서 인간자연의 평등과 자유 그리고 선의 근원성에 변화가 일어난다. 그래서 사회상태에서 인간의 모습은 갈등·대립·분열·경쟁, 그리고 반자연·비인간의 심각한 상태에 이르게 된다. 루소는 여기에서 교육의 필요성과 중요성을 인식한다.

교육에 의해서 내면적으로, 정치와 입법에 의해서 외적으로 그리고 사랑과 일반의지로서의 사회계약으로 입법정부의 실현으로 혼란된 사회를 개혁한다. 그러면 그의 이상과 목표인 도덕적인 이상사회, 즉 인간 자연성이 회복되고 인간이 존중되고 인간의 자유와 평등 나아가 정의가 실현되는 사회가 건설된다는 유토피아적인 사회사상이 발전하게 된다고 보았다.

교사의 역할도 이 같은 이념의 구현자로서 아동에

게는 권위로써 통제하는 사람이 아니라 친구·동료, 나아가 부모·협조자로서 인격과 인격의 평등적인 상호신뢰의 관계로서 역할을 다한다.

교육의 내용도 초기에는 생활과 실제의 유용성에 필요에 의해 제시되었다. 오히려 일방적으로 제시되기보다는 자기 스스로의 필요에 의해 요청한다. 추상적이고 관념적인 비실제적인 교육 내용일수록 후기의 보다 성숙한 시기로 연기되고 보류된다. 도덕·조교·정치·인문과학·사회과학과 같은 정신과학은 청년기부터 부과하게 된다.

또한 교육의 방법은 일체의 강제와 통제 그리고 권위에 의한 교육을 거부한다. 복종과 명령·지시·전달·주입·암송의 교사중심 교육도 인정하지 않는다. 교과중심이나 지식중심의 교육 역시 존중하지 않는다. 모든 교육은 자발적으로 개성과 흥미 그리고 활동을 존중하는 자기 교육, 아동중심의 교육, 흥미와 자기 활동을 강조하는 자유로운 교육이다. 이 같은 교육방법의 원리는 인간의 발달단계를 유아기·아동기·소년기·청년기 그리고 성인기로 구분하고 각 단계에 따른 발달과업과 발달의 특징을 존중해서 거기에 일치하는 교육이 바로 합자연의 교육이 된다고 루소는 주장한다.

루소의 자연주의 교육이념과 방법이 현대교육의 원천으로서 또한 전통적인 교육에서 진보주의적이고 자유주의적인 현대교육으로의 코페르니쿠스적 전환을 이루었다는 측면에서 혁명적 교육사상가로서 현대교육의 창시자로서의 공적은 높이 평가받고 있다.

그러나 그의 사상이 갖고 있는 반사회적이고 반문명사관에 입각한 그의 이론은 복고주의적이고 고전적임을 지적할 수 있다. 또한 인간의 이성에 대한 신뢰를 낮게 둠으로써 지성과 지식의 가치도 크게 인정하지 않으려 한다. 따라서 학문·예술·과학 및 산업의 발전에 대한 부정적인 시각은 진보와 발전에 대한 가치기준에 난색이 표명된다. 이 같은 그의 주장에 근거해서 교육을 수단적이고 방법적으로 필요성을 인식하고 요청하고는 있으나 필요악적인 교육관도 내포하고 있다.

또한 루소의 유토피아적인 사상이나 무정부주의적인 사상은 후일에 사회주의 사상으로의 접근을 가능케 하였고, 위험하면서 지나친 이상주의는 환상에 가까운 사상이라는 해석을 가능케 했으며, 비판을 면키 어렵게 했다. 따라서 그의 교육사상이 갖고 있는 아동중심의 입장과 자율학습은 후일에 바제도우·칸트·페스탈로치 · 헤르바르트와 같은 실천적인 교육에, 그리고 신인문주의적 휴머니즘의 교육에 긍정적인 영향을 미쳤고, 파커·듀이·킬패트릭의 진보주의 교육에 많은 시사를 주었으며, 케이·프뢰벨·몬테소리의 유아교육의 발전을 가져온 사상적인 근원이 되었다는 관점에서도 긍정적인 평가를 받고 있다.

그러나 그의 교육사상이 갖는 자유주의적 아동중심의 입장은 소극적인 교육으로 나아가 자유방임적인 교육으로 발전되어 무정부주의적 교육이라고 비판받을 수 있다. 또한 그의 주지주의 교육에 대한 비판에서 주정주의 입장은 점차로 지식의 가치가 높아가고 있는 현대교육에서 도리어 비판받을 수 있게 한 것이다 그리고 그의 개인중심의 사교육(私敎育)과 시민 도야의 공교육(公敎育)은 그 한계가 분명하지 못하며 개인중심의 사교육은 많은 모순과 문제점이 지적된다.

또한 루소 자신이 비실천적인 사상가로서 이론으로만 그치고 자기 스스로의 실천과 경험에서 나온 교육이론이 아니기 때문에 그의 교육이론이나 방법 원리가 현실적용의 문제에서 많은 어려움을 갖고 있음도 사실이다.

4. 가정교육론

(1) 서론

가정만큼 인간의 성장과 발달에 있어서 큰 영향을 미치는 집단은 아마 없을 것이다. 그래서 가정의 중요성은 아무리 강조해도 지나치지 않다.

역사적으로 보면 로마 시대의 퀸틸리아누스도 가정과 가정교육의 중요성을 일찍이 말했으며, 중세의 아우구스티누스와 아퀴나스도 부모의 자녀교육의 의의를 기독교적 차원에서 존중했으며, 근세의 코메니우스도 가정교육의 중요성과 어머니의 역할을 존중하면서 어릴 때의 교육은 어머니 무릎에서 이루어진다고 하여 어머니 무릎학교라고 하였다.

페스탈로치는 학교를 가정처럼 여겼으며 모든 교육의 근원이며 모체는 부모와 자녀가 함께 거처하는 안방에서 시작한다고 하였다. 그래서 가정교육에서 학교교육과 사회교육으로 발전하며 가정교육이 모든 교육활동의 중심을 이룰 때 가장 이상적인 교육이 실천된다고 보았다. 다음으로 프뢰벨도 역시 유아교육의 중요성을 말하면서 가정에서의 부모와 자녀의 관계가 모든 인간관계의 으뜸이며, 근본으로서 인격 형성에 절대적인 영향을 미친다고 하였다.

이상에서 열거한 교육자나 사상가 외에도 많은 교육자들이 가정과 가정교육의 의의를 말하였다. 그렇지만 루소도 역사상의 어떠한 교육자나 사상가 못지않게 가정과 가정교육의 중요성을 인정하였다. 그러나 그의 사상은 여러 가지 측면에서 이중성을 보이고 있다. 즉, 진보적이고 자유주의적이면서 또한 복고주의적이고 전통존중의 사상을 보인다. 정치적으로도 민주적이면서 또 한편으로는 군주적이고 사회주의적인 성격을 나타내고 있다. 교육적인 면에서도 전통적인 교육을 비판하고 진보주의적이며 인간중심의 휴머니즘적 교육을 강조했다.

따라서 루소에게서부터 새로운 교육이 출발하며 현대 교육사조의 시원이 이루어진다고 할 수 있다. 그로부터 인간이 발견되고 아동의 세기가 시작된다 해도 과언이 아닐 것이다. 교육에서 자유와 평등이 존중되고 개성과 흥미가 중요시되며 모든 권위주의와 형식주의가 배제되고 성인 중심의 교육이 여지없이 비판된다. 즉, 인간의 가치가 높이 존중된다. 그러나 한편으로는 여성에 대한 전근대적이고 보수주의적인 입장에서 그의 양면성을 발견하게 된다. 즉, 그의 독특한 여성관은 남성본위의 인간관이며, 남성중심의 사회관의 반영으로서 기독교적 영향이라고 간주되는 그 나름의 의미를 발견할 수 있게 한다. 따라서 그의 가정과 가정교육에 관한 견해 역시 어느 사상가나 교육자보다는 다른 독창성을 갖고 있다고 하겠다.

본장에서는 이 같은 점에서 그 의의를 찾을 수 있을 것이다. 산업화와 도시화로 인하여 여성의 직장 진출이 현저히 증가해가고 핵가족화 되어가는 현대 사회에서 많은 가정의 문제와 가정교육의 문제가 야기되고 있다. 이 같은 가정의 부재와 가정교육의 부재의 소리가 높아가고 모성 박탈이니 가정 해체니 하는 사회적이고 교육적인 문제 상황에서 루소의 입장에서 가정교육을 조명해본다. 또한 그의 관점에서 여성의 역할과 여성관을 음미해보는 것도 현대의 가정과 가정교육의 문제 해결에 어떠한 시사를 받을 수 있을 것으로 기대한다.

루소는 에밀을 중심으로 해서 그의 교육론을 말하고 있는데, 가정과 가정 교육론은 주로 제 1부와 제 2부, 그리고 제5부에서 다루고 있다. 그것은 인간의 발달단계에 있어서 유아기와 아동기 그리고 결혼해서 가정을 자신이 이루어 나가는 성인기에 해당되기 때문이다. 따라서 여기에서는 제 5부를 중심으로 제 1부와 제 2부를 함께 다루고자 한다.

먼저 루소의 가정에 대한 견해를 살펴보고 여성의 역할과 여성관에 대하여 그는 어떻게 생각하고 있는 가를 본 다음에 교육적 차원에서 여성의 역할과 권리는 무엇이며 가정교육의 의의는 무엇이며 여성의 위치는 어떠하며 그리고 어떠한 방법으로 가정교육을 하는 것이 효과적인가를 살펴보고자한다.

(2) 가정과 가정교육

1) 가정관

가정은 루소가 생각할 때 가장 자연적인 사회이다. 즉, 부모와 자녀의 관계는 자연적 관계이며, 부모의 자녀에 대한 권위는 자연으로부터 부여받은 권리라고 여겼다. 따라서 부모와 자녀 간의 사랑도 가장 자연적인 사랑이라고 생각한다.

모든 사회형태 가운데서 가장 오래되고 자연적인 것이 바로 가정이라는 입장에서 루소가 자연에 대한 견해에서와 같이 가정은 바로 자연이기 때문에 선과 자유와 평등 그리고 사랑의 근원이며 모체라고 한다. 부모와 자녀의 자연적 관계에서 모든 덕이 출발하고 인간의 삶의 원동력이 창조되고 부모와 자연의 사랑에서 여러 형태의 사랑으로 발전하고 인격의 형성이 이루어진다고 본다.

또한 가족사회는 정치사회의 최초의 원형으로 지배자는 아버지의 모습과 같고 국민은 자녀에 해당한다. 모두가 평등하고 자유롭게 태어났으므로 가정에서 부모와 자녀의 관계는 인격적인 평등관계이지 권위에 의한 지배자와 복종자의 관계는 결코 아니다. 따라서 이상적인 사회의 건설, 즉 자유와 평등·정의가 실현되고 선성이 보존되는 사회는 가정의 기초 위에서 가능하다. 가정이 질서가 없고, 자연성을 상실하고 타락하면 자연히 사회 역시 질서가 없고 부패하게 된다. 부모와 자녀의 자연적 유대가 끊어지고 사랑이 없어지면 모든 사회적인 유대도 끊어지고 다른 모든 사랑도 없어진다. 그러므로 가정이 모든 것의 모체가 되며 근원적인 사회조직과 집단이 되는 것이다.

국가에 대한 사랑은 국가의 축소인 가정을 떠나서 생각할 수 있을까. 큰 조국에 대하여 마음을 쏟는 것도 가정이라는 조그마한 조국에서 시작되는 것이 아닌가. 선량한 자식·남편·아버지가 곧 선량한 시민이 되는 것이라고 루소는 생각한다. 그러므로 가정의 형성에서 중요한 것은 좋은 아내를 선택하는 것도 어려운 일이지만 좋은 남편을 선택하는 것처럼 어려운 일은 없다고 한다. 바로 그 같은 현명한 선택에 의해서 건전한 가정이 이룩되기 때문이요, 건전한 가정이 모든 덕행의 근본이며 나아가 교육의 근원이 되기 때문이다.

그의 가정관과 부모와 자녀의 관계에서도 계약에 의해서 성립한다는 사회계약론에 입각하고 있음을 알 수 있다. 자녀들은 부모와 자신의 생존에 도움이 필요한 동안만 유대가 계속된다. 이 같은 필요성이 없어지면 자연적으로 유대 또한 끊어지고 자녀들은 부모에 대한 복종의 의무에서 벗어나고 부모는 자녀에 대한 양육의 의무에서 벗어나고 부모와 자녀는 독립적인 관계로 발전한다고 생각한 것이다. 다시 말하면 자녀들이 유아기나 아동기까지는 부모에 의존하고 복종하게 되나 그 이후부터 자녀가 독립적인 생활이 가능하고 이성이 발달하고 자아가 발달하면 의존적이고 복종적인 위치에서 자립적이고 독립적인 인간으로 성숙하면서 부모와 자녀 관계에도 변화와 발전이 일어난다고 보는 것이다.

부모와 자녀의 자연적 관계가 계약관계로 발전해서 각각 독립적인 관계가 되지만 부모로서의 의무와 권리에 대해서 존중하면서 아버지는 아이를 낳아서 기르는 것 만으로서는 그가 위임받은 의무의 삼분의 일밖에 하지 못한다. 그는 인류로부터는 인간을 빌리고 사회로부터는 사회인을 빌리고 국가로부터는 국민을 빌리고 있는 것이다. 이 세 가지 부채를 지불 할 수 있음에도 불구하고 지불하지 않은 사람은 죄인이다. 그리고 그 부채를 반밖에 지불하지 않은 사람은 더욱 그 죄가 많은 것이다. 아버지로서 그 의무를 완수할 수없는 사람은 아버지가 될 권리가 없다고 한 점으로 보아 루소가 부모로서의 권리와 의무를 얼마나 강조했는가를 알 수 있다.

자기 자신이 가정생활에 대한 행복한 경험을 갖고 만족을 느껴본 사람이라야 나중에 성인이 되어서도 좋은 가정을 갖게 되고 부모의 의무와 권리를 실천 할 수 있다고 하였다. 평화로운 가정생활을 사랑하게 되려면 우선 그 생활을 알아야한다. 어렸을 때부터 그 생활의 달콤한 맛을 맛보지 않으면 안 된다. 부모의 집에서야말로 사람은 자기 집에 대한 취미를 붙이게 된다. 그런데 어머니의 손에서 자라지 않은 여성은 장차 자기 자식을 손수 기르는 것을 좋아하지 않을 것이라고 하였다. 어린 시절의 가정에서의 경험과 만족감은 나중에 그의 가정관을 형성하게 되고 인격형성에 기초가 되는 것이다. 그래서 이 세상에서 가정생활 이상으로 아름다운 광경은 없을 것이다. 그러나 이 광경의 한 부분에 부족한 점이 있으면 다른 전체가 파괴되어 버린다고 하여 가정의 중요성을 강조한다.

2) 가정교육관

가정은 가장 이상적인 학교이며, 인간에게 있어서 최초의 교육이 시작되는 곳이다. 전인적인 교육과 자연적인 교육도 가정에서 이루어진다. 그래서 가장 훌륭한 교육의 장(場)이며 가장 영속적인 교육이 이루어진다.

아버지와 어머니는 자연적인 교사이며, 최초의 교사, 영원한 교사, 가장 훌륭한 교사라고 루소는 강조했다. "당신들은 아동을 자연이 만든 그대로 두려고 하는가. 그러면 아동이 출생할 때부터 가진 자연의 상태를 보존하여 가라. 아동이 출생하거든 즉시 돌보아 주어서 그가 성인이 될 때까지 계속해서 돌봐 주어야 할 것이다."

"진실한 유모가 어머니인 것처럼 진실한 교사는 아버지이다. 아버지와 어머니는 협력해서 그 직무를 분담하고 일치된 방식으로 아동을 교육하지 않으면 안 된다고 하였다. 그래서 아동은 세계에서 제일가는 유능한 교사에게 교육받는 것보다 무식은 하여도 지각 있는 아버지에게 교육받는 편이 더욱 좋을 것이다. 왜냐하면 재능은 성실을 대신할 수 없으나 성실은 재능을 보충할 수 있기 때문이다."라고 하여 가장 이상적인 교사는 바로 부모임을 역설한다.

어릴 때의 교육을 양육이라고 하여 교육과 구별한다면 양육은 어머니가 아버지보다 더 적합하고 교육은 아버지가 더 적합하다고 하였으며, 소녀의 교육은 어머니가, 소년의 교육은 아버지가 더 적합하다는 입장을 갖고 있다. 그 같은 그의 가정교육관은 그의 남녀에 대한 남성관과 여성관에서 기인하는 것이다.

훌륭히 양육하는 것이 훌륭히 교육하는 것의 근본

이며, 어머니가 교육을 잘하는 것이 아버지가 교육을 잘하게 하는 근본이 된다고 하여 가정교육에 있어서 중심은 역시 아버지보다 어머니가 더 중요한 위치에 있음을 말해 준다. 어머니가 자기 아이들을 자기 스스로 기른다면 도덕은 스스로 개선될 것이다. 자연적 감정이 모든 사람의 가슴에 다시 살아날 것이고 국가의 인구는 증가될 것이라고 하였으며 부인이 착한 어머니가 되면 따라서 남편도 착한 남편과 아버지가 될 것이라고 하였다.

"어머니가 없으면 아이도 없는 것이다. 그들 간의 의무는 상호적이다. 한편 이 의무를 행하지 않으면 다른 의무도 자연히 태만하게 된다. 아이는 먼저 어머니에게서 받고 있는가를 알기 전에 어머니를 사랑해야한다. 그래도 만약 이 본능의 소리가 습관에 의하여 강화되지 않는다면 그것은 곧 없어지고 마는 것이고 애정은 아직도 생기지 아니 하였다고 볼 수 있다. 이렇게 된다면 인간은 세상에 나오는 첫날부터 이미 자연의 길에서 이탈하고 있는 것이다"라고 하여, 가정교육이 가장 이상적인 자연의 교육이므로 가정교육을 소홀히 하게 되면 이 같은 자연의 길에서 벗어나게 된다. 따라서 모든 교육은 반자연적인 교육이 되어 교육은 근본에서부터 잘못된다는 것이다.

(3) 여성과 여성교육

1) 여성관
 모든 사람은 평등하게 출생하였으며 평등한 사회적 대우를 받아야한다고 루소는 주장한다. 이처럼 그의 사상의 중심은 평등관에 입각하고 있다. 따라서 불평등한 사회제도와 사회계급에 대하여 비판한다. 그럼에도 불구하고 남녀 간에는 평등하지 않게 출생 하였을 뿐만 아니라 평등하게 대우받아서는 안 된다는 입장을 취해온 것이다. 즉, 남녀의 성차이에 의한 존중과 남성과 여성의 독자성을 존중하고 정신적으로나 신체적으로나 차별을 인정하고 차별에 의한 사회적 역할과 남녀의 성 역할을 인정할 것을 강조한다. 막연히 남녀는 평등하고 그 의무도 같은 것이라고 주장하는 것은 쓸데없는 말장난에 불과하다는 것이 루소의 주장이다.
 남성의 특성은 지배이지만 여성은 복종이다. 그래서 남성은 강하고 여성의 특성은 약한 것이다. 즉, 여성은 선천적으로 연약하게 태어났을 뿐만 아니라 그 같은 여성의 연약함이 도리어 여성의 강점이 된다는 것이다. 그래서 여성은 항상 그 같은 연약함을 보존하도록 구속당하고 복종의 상태에 있어야한다는 것이다. 그래야만 남녀의 의존관계가 형성되고 지속되는 것이다. 그렇지 않으면 남녀의 상호의존은 형성되지 않게 된다고 루소는 본다. 여자는 일생동안 가장 엄격하고 끊임없는 속박에 얽매이지 않으면 안 된다. 그러므로 여자가 이런 속박을 조금도 불편하게 느끼지 않으려면 우선 그 속박에 익숙해지지 않으면 안 된다. 그리고 자기의 기분을 억누르고 타인의 의지를 따르도록 훈련되지 않으면 안 된다고 하였으며 종속이라는 것이 여자에게는 자연적인 상태이므로 딸들은 자기가 태어날 때부터 복종하도록 되어 있음 느끼고 있기 때문이라는 것이다.

또한 남자와 여자는 서로를 위해 창조되었지만 남녀 상호간의 의존상태는 평등하지 않다. 즉, 남성은 자신의 욕망 때문에 여성에게 의존하고 있고 여성은 그 욕망과 필요에 의하여 남성에게 의존하고 있다. 남성들은 여성 없이도 살아갈 수 있지만 여성들은 남성 없이 살기는 쉬운 일이 아니라고 하여 여성의 독립적이고 자립적인 인격체로서 간주하기를 꺼려하는 것을 알 수 있다. 따라서 남성은 독립적이고 자주적이나 여성은 남성에게 의존하지 않으면 그 독립은 보장 될 수 없는 비독립적인 존재로 여겼다. 남자는 독립을 좋아하여 재미있는 일이 생기면 남들이 어떻게 생각하든 그런 것은 개의치 않는다. 여자들도 똑같은 법칙에 따르도록 하는 것은 그들에게 시간과 고통을 주는 것 밖에는 안 된다고 하였다. 그래서 여자는 자신을 위해서 살고 있기보다는 남자를 기쁘게 하기 위해서 창조되었으며, 인생을 즐겁게 하기 위해서 그리고 태어날 제 2세의 인간 출생을 위해서 생존의 의미가 있다는 것이다. 여자는 예쁘다는 것만으로는 만족하지 않고 남의 눈에 예쁘게 보이기를 바란다고 하였다. 여자란 남자의 마음에 들고 또 정복당하도록 창조되었다면 여자는 남자에게 대항하는 것이 아니라 남자의 마음에 유쾌한 존재가 될 수 있어야만 할 것이다. 여자의 힘은 그 매력에 있다. 그러므로 이 매력으로써 남성에게 힘을 발견하도록 하고 그것을 발휘하게 해야 할 것이라고 하였다.

 여성의 본분은 아기를 낳는 데 있는 것이며 그 같은 본분이 여성으로서의 강점이 된다고 루소는 말한다. 여자의 본분이 어머니가 되는 것이라는 사실이 조금이라도 달라질 수 있겠는가고 묻고, 변하지 않은 여성의 본분인 불변의 진리에 순종하는 것이 여성의 길이라고 루소는 말한다. 성실한 처녀의 행복이란 성실한 남자를 행복하게 하는데 있다고 하였다. 여성의 모든 것은 남성과의 한계에서만 의미가 부여되는 것이다. 이처럼 남녀는 불평등할 뿐만 아니라 여자는 남자에 의존적이다. 따라서 남녀의 의무는 상호적이다. 그 정도가 같은 것이 아니며 또 같을 수도 없다. 이 점에 있어서는 남자가 여자에게 불평등한 차별을 한다고 불평을 말한다면 그것은 잘못이다. 이 같은 불평등은 결코 인간이 만든 것이 아니기 때문이다. 그것은 적어도 편견의 소산이 아니라 이성의 소산이다. 즉, 자연이 양성의 한쪽에게 아이를 맡겼으므로 그 상대방에게는 책임을 지게 한 것이라고 하여 남녀의 불평등은 자연의 순리요 그것이 합리적이라고 한다.

그리고 남자는 이성이, 여자는 감성이 보다 발달하기 때문에 따라서 어머니와 딸들은 스스로 판단할 능력이 없으므로 아버지와 남편의 결정을 교회의 결정과 같이 받들어야 한다는 것이다. 여자는 자기 힘으로 자신의 신앙의 기준을 결정짓지 못하므로 명백하게 증명하지도 못하고 이성에 의해 신앙의 한계를 정할 수도 없다는 것이다. 그러므로 여성의 신앙은 권위에 복종되고 있다. 딸들은 어머니의 종교를 가져야하며 아내는 남편의 종교를 가져야한 다고 루소는 말한다. 그래서 여성의 종교가 권위에 의해서 규제를 받는 이상 우리는 그녀들에게 신앙을 가져야 할 이유를 설명하기보다는 오히려 무엇을 신앙할 것인가를 명확하게 설명해주는 것이 중요하다고 하였다. 이처럼 여자는 이성적이고 합리적이기보다는 감성적이고 충동적이기 때문에 올바른 판단력이 부족하므로 올바른 판단력이 부족하므로 매사를 남자의 결정에 순종하고 따르게 되어 있다. 남자보다도 여자에게 종교가 더 적합하며 종교에 의해서 신앙심으로 복종의 덕과 경건의 덕을 갖추도록 권고한다.

여자는 매사에 극단적이어서 무신앙자 이거나 아니면 완전한 독신자라고 한다. 그것은 여성이 감성적 존재이기 때문이다. 그래서 여성에게 신앙을 말할 때는 직접적인 방법으로 가르치는 것이 좋다. 문답에 의해서 가르치지 말라고 한 이유는 여자에게는 이성이 발달되어 있지 않기 때문에 논리적으로 사유하고 추상적으로 사고하는 힘이 부족하기 때문이다. "여러분의 딸들을 신학자나 이론가로 만들지 말라. 그녀들에게 천국에 대해서는 인간의 지혜로 이끄는 것만을 가르치는 것이 좋다. 그녀들로 하여금 항상 신의 눈길 아래에 있다는 것을 느낄 수 있도록 교육하는 것이며, 따라서 신을 항상 자신의 행동과 생각과 덕행과 쾌락의 증인으로 삼도록 그녀들을 교육해야 한다"고 여성의 종교교육을 말하면서 종교교육의 방법도 부언하고 있다.

그 같은 방법은 그의 교육방법론에서와 같이 여자에게 종교를 가르치려면 그것이 결코 우울하거나 귀찮은 것이 되어서는 안 된다. 또한 숙제나 의무가 되어서도 안 된다. 따라서 종교와 관련된 것은 어떤 것이든 기도문조차도 암기시켜서는 안 된다. 그리고 스스로 깨닫고 느끼도록 하는 자발적인 자각에 호소해야 한다.

이처럼 여성은 감성적이고 충동적이기 때문에 여성의 심정은 변덕이 심하고, 쾌락의 충동에 따르기에 현실적이고, 가끔은 거짓과 허위가 있다. 그러므로 더욱이 남성의 지도가 필요하고 종교의 신앙심으로의 순화가 요청되는 것이다. 남자에게는 무해한 욕망을 허락하면서도 이 욕망에 이성을 가하여 이를 통제하게 해 놓았다. 여자에게는 무한한 욕망을 주면서도 이 욕망을 억제할 수 있는 수치심을 주신 것이다. 신은 남자에는 욕망과 함께 이성의 힘을,

여자에게는 욕망과 함께 이성보다는 수치심을 주었
다는 것이다. 강자를 굴복시키기 위해 자연은 약자
에게 무기로써 겸손과 수치심을 주었다. 따라서 남
자는 능동적이며 강하고 여자는 수동적이며 약해야
한다.

 남자는 필연적으로 의지와 힘을 가져야하는 데 비
하여 여자는 약간의 저항만 할 수 있으면 그것으
로 충분하다고 본다. 만약 여자가 강건해지면 남자
는 더욱 강건해진다. 남자들이 연약해지면 여자들
은 더욱더 연약해진다고 하여 언제나 남자에 비하
면 여자는 연약한 존재가 될 수밖에 없고 또 되어
야 한다는 것이다. 여자가 연약함을 유지해 나갈 때
가 여자에게는 도리어 그것이 여자의 강함을 나타
내게 되는 일이다. 그래서 여자는 강하게 되려고 노
력하거나 남자처럼 되려고 하면 도리어 여자로서의
미를 상실하므로 여자는 점점 더 연약해지고 강함
을 점점 상실해가게 된다는 것이다. "현명한 어머
니들이여, 내 말을 믿으라. 당신의 딸을 훌륭한 남자
로 만들지 말라. 그것은 자연을 부인하려는 것과 같
은 것이다. 당신들의 딸을 훌륭한 여자로 키워라. 그
러는 편이 그녀 자신을 위해서나 남성을 위해서 한
층 가치 있는 사람이 되리라는 것을 확신한다."

자연은 여성에게 극히 유쾌하고 섬세한 정신을 주었다. 자연은 오히려 여자가 사고하고 판단하고 사랑하고 사리를 알며 그 용모와 마찬가지로 그 정신도 연마하기를 바라고 있다. 이 모든 것은 여자에게 부족한 힘을 보충하고 남성을 이끌어 나가도록 자연이 여성에게 준 무기인 것이다. 여성은 많은 것을 배워야한다. 다만 여성에게 알맞은 것을 배워야 한다는 것뿐이라고 하여 남성과 여성의 교육의 한계를 명백히 할 것을 루소는 주장한다.

여성이 여성으로 있는 동안은 남성보다 그 가치가 뛰어 나지만 남성의 행세를 할 때는 그 가치가 떨어지는 것이다. 여성이 여성으로서의 권리를 올바르게 발휘할 때는 항상 남성보다 우위에 있다. 그러나 남성의 권리를 박탈하려고 하는 한은 항상 남성보다 하위를 차지하게 된다. 여성에게 남성의 특성을 키워주거나 여성의 고유한 특성을 등한히 한다는 것은 여자에게 해를 가져오는 결과가 된다는 것이다.

이와 같이 루소는 여성의 미덕과 여성의 약점을 말하고 있다. 여성이 여성으로서의 본분을 지키면 미덕이 되고 그것을 지키지 못하면 여성은 여성으로서의 위치에서 스스로 벗어나고 만다. 여성은 남성을 더욱 강하고 남성으로서의 힘을 더욱 발휘하도록 할 때가 여성으로서 본분을 지키는 일이다. 그때가 바로 여성이 가장 강할 때이다. 그러면 여성은 남성보다 연약한 존재가 아니고 강한 여성이 되는 것이다. 아내는 성실해야 할뿐만 아니라 남편과 그의 친지 그리고 모든 사람들로부터 성실하다는 인정을 받는 것이 필요하다. 또한 아내는 겸손하고 조심성 있고 신중해야한다. 자기 자신의 양심에 대해서 뿐만 아니라 남의 눈에서도 정절의 증거가 인정되어야 한다는 것이다.

루소는 남자의 순결보다는 여자의 순결을 강조한다. 남자의 성실보다는 여자의 성실을 더욱더 소중한 것으로 여긴다. 왜냐하면 여자의 덕이 남자의 덕의 근본이 되기 때문이다. 부정한 아내는 더욱 나쁘다. 그러한 여자는 가정을 파괴하고 자연의 모든 결합을 끊어 버리는 것이다. 남편의 자식이 아닌 아이들을 남편에게 줌으로써 남편과 아이를 똑같이 배반한다. 그녀는 부정을 할 뿐만 아니라 배신까지 겸하고 있는 것이다. 이것은 혼란과 죄악의 근원이 된다고 그는 생각하였다.

여자의 약점은 여성으로서의 덕을 실천하지 않고 여성으로서의 본분을 잃음으로써 일어난다. 여자는 혀(舌)가 잘 돌아간다. 남성보다는 빠르며 용이하고 또 즐겁게 말을 한다. 그래서 여성들은 말이 너무 많다고 비난을 받는다고 했으며 여성은 입과 눈이 같이 움직이지만 이 역시 같은 이유에서 온 것이다. 남자는 자기가 알고 있는 것을 말하지만 여자는 남을 기쁘게 하기 위해서 말하는 것이다. 그러므로 말을 하는 데 있어서 남자는 지식이 필요하지만 여자는 취미가 필요하다고 한다. 그래서 여자는 거짓투성이라고 사람들은 말한다. 여자는 두 개의 혀는 없으나 그 기술은 타고난 것이라고 한다.

여성은 남성에 비해 현실적이고 따라서 목적의 발견보다는 수단의 발견에 더 적합하다는 것이다. 그것은 멀리 보는 안목이나 지혜보다는 목전의 이해나 생활주변을 살피는 데는 남성보다 정확한 면을 가졌기 때문이다. 여자의 이성이란 현실적인 이성이다. 그러므로 이미 알려진 목적에 도달하는 수단은 매우 교묘하게 발견해 낼 수 있지만 그 목적 자체는 발견해 내지 못한다고 하였다.

루소의 여성관을 요약하면, 남성은 적극적이고 강해야하고 여성은 소극적이고 약해야한다. 자연은 남성을 즐겁고 행복하게하기 위해서 여성을 창조했다는 것이다. 여성은 어머니로서 가정을 지키고 자녀를 양육하는 것이 자연적 의무이다. 여성은 여성다운 덕을 지녀야지 남성처럼 되려고 해서도 안 되고 되어서도 안 된다. 여성이 남성의 권리를 빼앗을 때마다 여성은 남성보다 열등해지고 여성이 남성처럼 강헤지려고 노력하면 할수록 여성다움은 상실되고 여성으로서의 매력을 잃고 여성은 점점 더 약해지고 만다는 것이다.

여성도 남성처럼 사고할 권리는 가지고 있으나 여성은 남성처럼 이성과 지성이 발달하지 못했기 때문에 판단력이 부족하고 합리적인 사고력이 열등하므로 판단에 겸손하게 순종해야한다. 여성의 덕은 온순함, 복종, 겸손이다. 설령 남성이 완전하지 못해도 복종하고 심지어는 부당해도 일찍이 고통을 참는 것을 배우고 불평 없이 남편의 과오도 참아야 한다. 그것은 남성을 위해서가 아니고 여성 자신을 위해서 라고 했다.

러스크는 '에밀'에서 루소가 말하기를 "남자는 강하고 활동적이어야 하고 여자는 약하고 수동적이어야 한다. 남자는 봉사할 것을 추구하고 여자는 쾌락을 추구한다. 남자는 지식을 추구하고 여자는 취미를 추구한다. 여자는 남자의 즐거움을 위해 창조되었다고 말한다. 따라서 여성의 본질은 지식이나 고도의 정신력에 있기보다는 겸손하고 온순하고 인내심 있고 순종적이고 다정다감하고 상냥하고 정절 있고 자애로우며 남자를 위해서나 태어날 아이를 위해서 건강한 여성이 가장 아름다운 여성이다. 여자의 왕국은 부덕(婦德)과 함께 시작한다. 여자는 그 매력이 싹트기 시작하면 곧 온순하고 겸손으로 나타난다"는 것이다.

또한 루소는 '에밀'에서 "소피는 덕을 사랑한다. 이 사랑이 그녀의 지배적인 감정이 되어 있다. 그녀가 덕을 사랑하는 것은 덕보다 더 훌륭한 것은 없기 때문이다. 또 덕이란 여성의 명예이며 덕이 있는 성은 마치 천사처럼 보이기 때문에 그녀는 덕을 사랑하는 것이다. 그녀는 부덕한 여자의 생활에서는 비참과 자포자기와 불행과 치욕과 불명예 밖에는 볼 수 없으므로 덕을 행복의 유일한 길로 생각하며 이를 사랑하는 것"이라고 하였다.

여성은 추상적으로 사유하는 능력이 부족하기 때문에 어머니의 신앙과 그녀의 남편의 신앙을 순종해야 한다고 하며, 심지어는 여성은 지적이고 학식 있는 여성으로서 성장하기보다는 소박하면서 순종적인 무교양이 더 낫다고까지 루소는 말한다. 이 같은 여성관에 입각해서 루소의 여성 교육관이 정립되어있다.

2) 여성교육관

남자와 여자는 그들의 천성이 다르고 신체적·정신적 특성이 다르며 그들의 타고난 경향성도 다르고, 취미와 소질도 다르다. 따라서 여성은 여성으로서의 천부적인 본분이 다르므로 남자의 교육과 여자의 교육은 근본적으로 상이해야한다. 그것이 바로 자연의 교육이요, 자연의 질서를 따르는 교육이다.

남편과 아내는 항상 함께 살도록 되어있다. 그러나 동일한 양식으로 살도록 하지는 않았다. 그들은 연주회에서 연주를 해야 한다. 그러나 같은 악기를 연주하지는 않는다는 것이다. 남녀는 오락에서도 다르고 직업에서도 다르며 의무에서도 다르다. 그들은 상이한 방식으로 인류의 공동선(共同善)에 기여하고 있는 것이다.

루소의 여성교육의 목적과 내용 그리고 방법은 에밀의 제 5부에 제시되어있다. 소피는 미인은 아니다. 그러나 그녀의 곁에 있으면 남자들은 미인 생각을 잊어버린다. 그리고 미인들이란 자기 자신에 대해 불만을 느끼는 법이다. 소피를 처음 한번 보아서는 별로 아름답다는 인상을 느끼지 못한다. 그러나 그녀를 보면 볼수록 점점 아름답게 느껴진다는 에밀에서의 소피가 지닌 덕이 여성교육의 이상이다. 소피는 다만 선량한 성질과 평범한 마음만을 가지고 있다. 그녀가 다른 여자들보다 우월한 것은 그녀의 교육의 덕분이라는 것이다.

여성교육은 남성의 눈을 즐겁게 하고 남성에게 사랑과 존경을 받도록 하고 아이를 기르고 돌보며 남자의 인생을 즐겁고 행복하게 하는 것에 중심을 두어야한다. 그래서 여성의 교육은 남자의 교육과 관련해서 계획되어야 하는 것이다. 또한 남성교육의 성패는 여성에 달려있다. 최초의 교육이 어머니의 자녀에 대한 양육으로 시작되기 때문이다. 여성의 교육체계는 남성의 교육과는 대조적이다.

어린이의 체질은 어머니의 체질이 좋으나 나쁘냐에 따라 좌우된다. 그리고 남자의 초기 교육도 역시 여성의 배려 여하에 달려있다. 더구나 남성의 품성·정열·기호·쾌락·행복까지도 여성에게 달려있다. 그러므로 여성의 모든 교육은 남성과 관련되지 않으면 안 된다. 남성의 마음에 들고, 남성에게 유익하면 남성들의 사랑과 존경을 받아야한다. 남성들이 어릴 때는 그를 키워주고 성장하면 보살펴 주며 남성에게 조언과 위안을 주며 그들의 생활을 유쾌하고 아늑하게 해주어야 한다는 것이다. 이러한 모든 것이 어느 시대를 막론하고 여성의 의무이며 따라서 여성에게는 어릴 때부터 반드시 가르쳐야만 하는 일이다.

에밀의 교육은 소피의 교육 여하에 많이 의존한다. 소피의 덕은 우아함에 있으나 에밀은 강한데 있다. 여자의 경박한 품성이 남자에 의해서 형성되기보다는 오히려 남자의 경박한 품성이 여자에 의해서 형성되는 경우가 훨씬 더 많은 것이다.

여자의 의사를 자연의 뜻에 맞도록 규제한다면 여성은 여성에게 알맞은 교육을 받게 될 것이라고 하였으며 여자가 지나치게 연약한 생활을 하면 남자도 연약해지고 만다. 여자는 남자만큼 강건할 필요는 없지만 남자를 위해서 또 여자에게 태어날 아이들을 위해서는 역시 건강해야한다. 이런 점에서는 수도원에 들어가는 것이 부모의 집에서 자라는 것보다. 바람직하다고 하였다.

여성교육은 덕성의 도야가 지적 도야보다 중요하다. 추상적이며 사변적인 진리의 탐구와 과학의 원리와 공리의 탐구, 즉 여러 관념의 일반화를 시도하는 연구란 모두 여성의 일이 아니다. 여성의 모든 연구란 실제적이어야 한다. 남성이 발견한 제 원리를 적용하는 것이 여성의 일이며, 남성으로 하여금 이 원리들을 확립할 수 있도록 여러 가지 관찰을 해 나가는 것이 여성의 일이다. 독창적인 일들이란 여성의 능력을 넘어서는 일이기 때문이다.

 여성에게는 정밀과학에 성공할만한 정확성도 주의력도 없기 때문이라고 여성의 고등정신력을 경시하였으며 여성의 교육도 여기에 맞추어서 높은 수준의 지적 교육은 제외하며 구체적이고 실용적인 교육에 한정한다. 체계를 세우는 것은 남성의 일이고 여성에게는 보다 많은 기지(機智)가있는 데 반하여 남성은 보다 많은 창의력이 있다. 여성은 관찰하고 남성은 추리한다고 하여 고등정신력은 남성에게 관찰하고 직관하는 고등정신력을 발휘하도록 조언하고 배려하는 일이 여성의 역할이라고 한다. 무엇보다도 여성교육에서 중요한 것은 지성의 도야가 아니고 남자에게 순종하고 모든 어려움을 참고 견디는 묵묵히 참는 덕성을 기르는 일이며, 남성이 고도의 능력을 발휘하도록 하는 섬세한 정신과 주의력의 계발이다. 여자에게는 극기를 가르쳐야한다. 우리의 비합리적인 제도 하에서는 정숙한 여자의 일생이란 자기 자신에 대한 끊임없는 투쟁이라고 하였다. 그리고 기지·통찰력·섬세한 관찰, 이것이 여성의 지혜이다. 이것을 이용하는 능력이 곧 여성의 재능이라고 루소는 여성교육에 대해서 주장한다.

따라서 여성의 학교는 가정·세계·생활이지 학문이나 과학이나 대학이 아니다. 그 같은 교육기관은 여성에게는 큰 의미를 발견하지 못한다. 여성교육은 이성(理性)이나 지성이 중심이 아니고 감성이나 의지가 보다 존중된다. 따라서 신체의 교육이 정신교육보다 더 중요하고 지식보다는 덕성의 함양이 강조 된다. 그러나 남성교육의 성공여부는 여성에게 달려있고 남성뿐만 아니라 모든 인간교육의 근본은 여성이 얼마나 훌륭하게 교육되어 있느냐가 중요하다.

어머니가 아이를 기르는 데 너무 약할 것 같으면 아버지도 아이를 교육하는 데 너무 바쁜 것이라고 하였다. 특히 여성교육은 아버지보다 어머니가 더 적합하다고 하였다. 왜냐하면 루소는 딸은 어머니를, 아들은 아버지를 동일시하면서 점점 여성화되어 가고 점점 남성으로 성장하기 때문이라는 것이다. "어머니들이여. 당신의 딸을 당신의 반려자로

하는 것이 좋다"고 하였으며 젊은 여자를 사회에 내보낼 때는 그녀의 어머니 외는 안내자가 없다고 한 점도 여성교육은 어머니가 주체가 되는 것이 보다 바람직하다는 입장이다.

(4) 가정교육방법

루소의 가정교육의 방법은 그의 일반적인 교육방법론에 의존한다. 다만 가정이라는 한계 내에서의 교육과 부모와 자녀의 자연적 관계가 중심을 이룬다. 그리고 남성보다는 여성 위주의 교육체계라고 할 수 있다.

루소의 교육이 학교 교육보다 가정교육을 우선하고 더 중요시하므로 그의 전 교육체계가 가정교육체계의 형식을 취하고 있으며 공교육보다는 사교육 혹은 개인중심의 교육의 형식을 취하고 있다. 물론 그의 교육이 공교육과 사교육, 학교 교육과 가정교육이 병행되면서 전자보다 후자를 더 강조하는 측면을 보이고 있음도 인정된다. 그래서 그의 가정교육의 방법은 개인중심의 사교육인데 비하면 일반교육의 방법은 공교육과 사교육을 통합하고 있고 학교교육과 가정교육을 통합한다.

가정교육의 방법도 일반교육에서처럼 출생과 더불어 혹은 그 이전부터 교육은 시작한다. 그러므로 인간의 성장과 발달에 있어서 초기의 유아교육이나 아동교육이 잘못되면 후기의 교육도 잘못된다. 그러므로 가정교육이 잘못되면 학교교육이 잘못되는 것은 당연하다고 볼 수 있다. 유아기와 아동기의 교육은 부모가 교사요 가정이 학교가 된다.

부모와 자녀의 관계가 어떻게 무엇에 의해 이루어지는가가 중요한 교육의 내용이 된다. 따라서 가정에서의 어린이 교육은 책을 통한 지식중심이나 주입식 교육이 아니고 어린이 내면에서 자발적으로 일어나는 내적인 자연적 발달이다. 책에 의존하거나 타인의 권위에 의존하는 교육은 인간을 노예로 만들고, 타인의 권위에 순종하는 권위주의·형식주의 교육이 되고 만다. 책은 어린이를 불행하게 하는 제일의 도구이다. 그래서 어린이에게는 세계 외에는 책은 없으며 사물 외에는 교육이 없다. 따라서 부모보다 더 훌륭한 교사는 없으며 자연 이상의 이상적인 교육자도 없다.

어릴 때부터 어린이를 지적 노예로 만들거나 말과 지식 그리고 편견의 주입으로 인하여 스스로 판단하고 사고하는 능력을 잃게 하는 전통적인 교육을 루소는 비판한다. 자유가 교육의 근본원리이며 흥미가 존중되며 개성에 맞는 교육이 중요하다. 그래서 루소가 가장 비판하는 교육은 교육에서의 전통주의·주지주의·언어주의·형식적 권위주의이다.

지식의 증가와 슬픔의 증가는 일치하며 지식은 어린이를 고통과 불행 속으로 이끌어 간다고 생각한다. 도리어 무지가 지식보다 낫다고까지 말한다. 과학과 예술의 발달은 인간을 더욱 부패시킬 뿐만 아니라 인간에게 비극을 안겨 준다고 여겼다.

어린이의 교육은 항상 발달단계에 적합하도록 교육하는 일이 바로 자연의 교육이며 어린이 중심의 교육이다.

어린이에게 일찍부터 지식을 습득시켜도 감각은 되어도 지각은 되지 않기 때문에 무익한 일이 된다고 하였다. 그래서 어릴 때의 교육은 이성에 호소하기보다는 감성에 호소한다. 감성은 일찍이 발달하나 이성은 늦게 발달하기 때문이다. 또한 불확실한 미래를 위하여 현재를 희생하는 교육이 아니라 현재를 존중하고 현재의 관심과 흥미 그리고 욕구를 중요시 여기는 교육이 바람직하다.

"어린이에게는 그 나이에 필요한 것만을 가르치

도록 하라. 그러면 여러분은 그것만으로도 그의 시간이 꽉 차고도 모자랄 정도라는 것을 알게 될 것이다. 그런데 어찌하여 여러분은 지금 그에게 필요한 공부를 희생시키면서까지 그가 도달할지도 모르는 연령의 공부까지 시키려드는가?"고 반문한다. 이처럼 발달단계에 적합하고 어린이의 세계를 이해하고 어린이의 욕구와 관심, 흥미를 존중하면 자연히 교육에 있어서 통제가 없어지고 성인중심의 교육에서 벗어나 자율적인 아동중심의 교육이 되기 마련이다.

루소 교육방법의 제일원리는 감각적인 것에서 이성적인 것으로, 감각적 경험과 직관에서 추상적인 사유나 관념의 형성으로 나아가는 교육이다. 그래서 그는 알기 전에 먼저 느낀다고 하였으며 말로써 표현하기 이전에 먼저 사물에 의한 교육을 존중한다. 유아는 눈으로 보고 손으로 만지고 귀로써 듣고 시각과 촉각으로써 비교하고 손가락으로 감촉한 감각을 눈으로 계량함으로써 여러 가지 물건의 뜨거움과 차가움, 단단함과 부드러움, 무거움과 가벼움 등을 지각하고 그의 크기 ·모양이 인지되는 모든 사물의 성질을 판단하는 것을 배우게 된다고 하였다.

따라서 유아기와 아동기는 감각훈련의 시기가 된다. 이 시기는 관념은 적으나 정확하고 암기해서는 아무것도 알지 못하나 경험에 의해서 많은 것을 알고 있다. 그러나 그가 책을 읽는 것은 다른 아동보다 못하지만 자연의 책을 읽는 것은 아주 잘한다는 것이며 그러므로 교육방법은 자연이 중심이며 경험과 직관이 존중된다. 어린이가 볼 수 없는 것은 결코 아무것도 가르치지 말라고 했다. 모든 필요한 것은 책 가운데서가 아니고 실물에 의해서 상세히 배우도록 하고 있다. 그 자신이 로빈슨 크루소라고 생각하고 싶다고 말한다.

어린이의 교육에서는 명령이나 통제, 그리고 강제적인 주입식 교육은 배격한다. 그는 규칙에 따르지도 않고 권위에도 복종하지 않는다. 모범도 존중하지 않으며 그가 즐기는 대로 행동하고 말하는 데 불과하다. 그에게 의무니 복종이니 하는 말을 하여도 그는 무엇을 말하고 있는지를 모를 것이다. 그에게 어떤 일을 행할 것을 명령해도 전혀 주의하지 않을 것이라고 하여 교육에서 통제가 없는 자기활동과 행동하면서 배우고 느끼고 스스로 깨닫는 교육을 존중한다.

루소는 어린이의 교육에서 과보호나 과잉 애정의

탐애형(耽愛型)의 교육을 거부한다. 이 같은 교육은 어린이의 건전한 발달을 저해한다고 생각했던 것이다. 어떤 부인은 아이를 등한히 기르는 대신에 너무 과도히 귀중하게 기르고 있다. 그녀는 아동을 우상화하는 것이다. 그녀는 아동에게 그의 약함을 알리지 않으려고 하는 것이 도리어 아동을 더욱 약하게 만들 것이라고 하였으며, 자연의 힘으로부터 아동을 면하게 하려고 그의 고통에서 멀리하고 불편을 없이 하려고 아동의 머리 위에 미래의 화근과 위험을 쌓고 있는 것을 모르고 있다고 했다. 노고와 싸우지 않으면 안 되는 성인이 될 때까지 유아기의 연약을 연장시킨다는 것은 그 얼마나 잔인한 친절인가를 깨닫지 못하고 있다. 그 같은 부인은 아동을 부드러운 물건 속에 넣어서 일부러 아동의 고통을 준비하고 있다. 모든 화근의 입구를 열어 놓고 마음대로 들어오게 하고 있다고 아동의 과잉 애정과 과잉보호는 어린이를 도리어 불행하게 준비한다고 경고한다.

어린이의 교육에서 중요한 것은 아동을 아동으로서 대우하고 아동의 시기를 사랑하고 아동이 놀이와 스포츠에 열중하고 기쁨과 즐거움의 생활 속에서 생활하도록 아동 각자에게 적합한 대우를 해주도록 권고한다. 따라서 교육에서 아동의 욕구와 본능·충동 그들의 본래부터 갖고 있는 태어날 때부터 가지고 있는 선과 자유를 존중하는 것이 중요하다고 한다.

또한 자녀교육을 위해서는 좋은 환경의 선택이 중요하다. 그러므로 도시보다는 농촌의 자연적 환경이 어린이 교육에 적합하다. 그래서 루소는 에밀을 데리고 농촌에서 생활한다. 대도시에서는 타락이 출생과 함께 시작하고 소도시에서는 이성이 눈뜨면서부터 시작하고 시골 처녀들은 자기들의 풍습과 소박한 행복을 경멸하는 것을 배우게 되면 대도시의 퇴폐 속으로 끼어들기 위해 서둘러 도시로 달려간다고 한다. 농촌은 어린이를 위해 좋은 공기를 마실 수 있을 뿐만 아니라 인간과 인간의 관계는 악을 발생시키는 근원이 되지만 인간이 자연에 가까워질수록 인간성은 선해진다고 생각한다.

루소에 의하면 사람들이 너무 모여 살면 살수록 부패하기 쉽다고 도시화에 대한 사회적 현상을 비판한다. 농촌의 여자는 도시의 여자보다 육식은 적게 하고 채식을 많이 한다. 이 채식주의자는 여자를 위해서, 그녀가 기르는 아이들을 위해서나 오히려 이로운 일이라고 한다. 어린이를 위한 장난감도 인공적이고 기계에 의한 장난감보다는 자연이 준 장난감을 갖고서 스스로 조립하고 제작하고 만들어보는 과정을 존중한다. 따라서 인위적이고 조작적이고 형식적인 것이 도시는 너무 많은데, 이것이 어린이의 정서 발달이나 인격의 형성을 위해서는 바람직하지 못하다고 한다. 꾸밈없고 형식적으로 가꾸지 않은 자연의 모습 그대로의 소박한 모습을 보고 즐기는 것이 훨씬 인격의 형성에 도움이 된다고 한다.

종교에 관해서도, 부모는 자녀들에게 말로써 하지 말고 행동을 보임으로써 스스로 느끼게 하고 그들에게 경험을 통해 알도록 하는 것이 바람직하다. 그것도 어릴 때 보다는 청년기에 들어서서 모든 것을 독자적으로 판단하는 이성적인 생활이 가능할 때 종교를 경험토록 하는 일이 좋다고 여겼다. "나는 나의 학생의 초기교육을 통틀어 내가 종교에 대하여 전혀 아무말도 안한 사실을 보고 다수의 독자들이 놀라리라는 것을 알고 있다. 15세까지는 그는 영혼이라는 것을 있는지조차도 몰랐다. 18세가 되어도 아직 그 것을 가르칠 시기가 아니다. 어린이에게 그것을 가르친다는 것은 그들에게 일찍부터 거짓말을 가르치는 것이거나 아니면 무익한 것으로 생각한다"고 루소는 말한다.

남성에게서보다 여성의 교육에 종교적 교육이 바람직하다고 한다. 종교를 통해서 순종·경건의 정신을 기르고 부덕의 함양을 위해서 종교는 곧 도덕이기 때문이며 모든 종교가 곧 도덕은 아니나 도덕에 기초하고 있다는 것이다.

　여자는 임신 중에는 조심해야한다. 유아를 양육하는 동안은 휴식이 필요하다. 아기에게 젖을 먹이는 데는 평온하고 조용하게 생활해야한다. 아이를 교육하는 데는 인내와 친절과 어떤 일에도 실망하지 않은 열성과 애정이 필요하다고하여 자녀를 양육하는 부모의 태도에 대하여 훈계를 한다.

　루소는 부모와 교사를 동일시하며 가정과 학교를 구별하지 않는다. "교사. 오 그것은 얼마나 훌륭하고 숭고한 정신인가. 인간을 만들기 위해서 아버지가 되거나 인간 이상의 신이 되지 않으면 안 될 것이다. 그것을 당신들은 돈으로 산 교사에게 맡기려고 하는가" 하고 바쁘다는 핑계로 자녀의 교육을 남에게 맡기는 부모를 경고하면서 부모 스스로 교사의 입장에서 교사는 부모의 입장에서 아이들을 양육하고 교육해야 함을 강조한다. 그때에 학교는 가정이 되는 것이며 가정은 사랑이 충만한 학교가 되는 것이다. 따라서 이 세상에서 최초의 교사, 가장 훌륭한 교사, 마지막으로 부모의 일생의 끝날 때까지 자녀를 사랑하고 염려하며 보살펴주고 배려하며 가르침을 주는 영원한 교사는 바로 아버지이며 어머니라고 그는 말하며 무식하고 교양이 없지만 어떠한 훌륭한 교사에게 받는 교육보다 부모에 의한 가르침이 더 훌륭하다고 하였다.

"사랑이 없이 가르치는 것은 가르치지 않는 것보다 더 해롭다. 차라리 교육하지 않는 것이 잘하는 교육이라고 할 수 있다. 잘못된 지식보다 차라리 무지한 편이 더 낫다"는 것이 루소의 근본 입장이다.

(5) 결론

이상으로 루소의 가정 교육론을 먼저 그의 가정에 대한 기본적 견해를 살펴보고 그 다음에 가정교육에 대한 입장을 살펴보았다.

가정은 모든 사람에게 있어서는 제 1차적이요. 근원적인 사회집단으로서 인간의 성장과 발달에 깊은 영향을 미치는 문화집단이다. 또한 애정과 인격으로 굳게 결합되고 영속적으로 형성된 공동체적 애정집단이다. 따라서 가정과 인간은 분리해서 생각할 수 없는 것이다.

루소는 자신이 건전한 가정생활을 스스로 영위하여 가장으로서 부모로서의 역할을 하지는 못했지만 가정의 중요성과 부모의 교육자적 입장과 부모로서의 태도와 역할을 누구보다 강조하였다. 가정이 건전하면 사회와 국가도 건전하고 가정이 부패하고 타락하면 사회 또한 병들고 타락한다. 따라서 문명의 타락의 근원은 가정에 있다. 훌륭한 부모는 훌륭한 시민이며 훌륭한 행정관, 훌륭한 사회지도자가 된다. 그러므로 이상적인 사회의 건설은 가정에서부터 시작되어야한다. 그것은 가정교육을 건전하게 하는 일로부터 출발되어야 한다고 역설한다.

다음으로 루소의 여성관과 여성교육관을 살펴보았다. 그의 여성관은 다소 전근대적인 면을 보이고 있으며 남성 본위의 여성관이라고 해석할 수 있다. 그러나 여성은 여성으로서의 본분을 지키고 여성으로서 미덕과 부덕을 실천할 때는 여성은 아름답고 여성은 강하고 여성은 남성을 올바르게 이끌어갈 수 있는 힘의 원동력이 된다고 한다. 여성은 지식보다는 덕행이 더 소중하다고 여긴다. 그것은 여성은 남성에 비해 이성보다 감성이 발달해 있으므로, 따라서 추상적으로 사고하고 합리적으로 과학적으로 체계를 세우고 분석하고 발견하는 능력이 부족하기 때문이라는 것이다. 그래서 여성은 학문이나 과학 분야 보다는 가정에서 자녀의 양육과 교육에 힘쓰는 일에 전력을 다해야한다고 하였다. 여성의 덕은 복종과 겸손이며 인내와 순결, 친절이다.

여성은 남성을 위해서 또는 태어날 어린이를 위해서, 그리고 세상을 아름답고 남을 즐겁게 하기 위해서 존재해야 한다. 그렇게 하는 것이 여성 자신을 위해서 좋은 일이며 그것은 여성의 숙명이라고 하였다. 여성교육도 이 같은 여성의 본질에 맞추어서 실현되어야 한다. 여성교육은 곧 가정을 중심으로 하기 때문에 가정교육이 되는 것이다.

여성의 교육은 남성의 교육과는 구별되어야한다. 남녀는 성격으로나 기질에 있어서나 같지도 않거니와 같아서도 안 된다는 것이 일단 증명되었다면 남녀는 같은 교육을 받아서는 안 된다는 결론이 나오는 것은 당연한 일이다. 자연이 정해주는 방향을 따라야한다면 남녀는 협력해서 행동해야하지만 같은 일을 해야 한다는 것은 아니다. 일의 목적은 같을지라도 일 자체는 서로 다르며 따라서 일을 이끌어 나가는 취미도 다르다는 것이다. 그러므로 여성은 남성과 근본적으로 다르기 때문에 교육은 근본적으

로 달라야 하며 남성에 비하여 신체의 교육, 종교교
육·정서교육 그리고 덕성을 도야하는 교육이 보다
더 존중되어야 한다고 한다.

　루소의 일반교육 방법론에서 가정교육의 방법도
제시된다. 인간의 발달단계를 유아기·아동기·소
년기·청년기 그리고 성인기의 단계로 구분하고 발
달 단계에 따른 특성에 알맞게 교육하는 일이 자연
의 교육이며 성인중심이나 부모중심의 교육이 아
니라 어린이 중심의 교육이 되어야 한다고 한다. 어
린이는 어른의 축소판이 아니다. 어린이에게서 어
른을 구할 것이 아니라 어린이는 어린이들만의 세
계가 있고 그들의 발달에 따른 욕구와 취미·관
심·흥미가 있기 때문에 그것을 존중하고 그것에
적합한 양육과 교육을 하는 것이 바람직하다는 것
이다. 그래서 루소에 의해서 인간이 발견되었을 뿐
만 아니라 어린이의 권리와 어린이의 세계가 발견
되었으며 아동의 세기가 열리게 된 것이다.

　모든 교육은 감각적 경험에서 출발하고 사물에 의
한 직관을 중요시한다. 책이나 교과서보다는 생활
과 행동이 존중되고 지식보다는 인간성이 더 강
조된다. 그래서 주지주의나 교육에 있어서 권위주
의·형식주의의·전통적인 교육이 비판되고 자

유·평등·개선·흥미·생활·행동·경험이 존중
되는 진보주의적·자유주의적 교육이 루소에게서
부터 시작되었다. 따라서 어린이가 존중되고 가정
이 존중된다. 여기에서 유아교육 및 유치원 교육이
발달할 수 있는 근원이 제시되기에 이른다.

루소의 가정교육 사상은 그의 에밀에서 소피를 중
심으로 한 여성교육에 의해 잘 표현하고 있다. 소피
는 미인은 아니나 평범하면서도 은근한 내적인 아
름다움을 지닌 여성으로서 부덕을 갖춘 여성이다.
누구나 그녀의 곁에 있으면 있을수록 보면 볼수록
아름다움을 느끼게 되고 다른 아름다움을 잊게 한
다. 그것이 바로 여성의 매력이요 아름다움이다. 이
같은 아름다움을 도야하는 것이 가정교육의 근본이
며 여성교육의 이상이다.

모든 덕은 이성에 기초할 것이 아니라 감성에 기초
해야 따스함을 느끼게 하고 훈훈한 인정미가 있는
덕성이 함양될 것이라고 루소는 말한다. 소피는 무
엇보다 덕을 사랑한다. 그녀가 덕을 사랑하는 것은
덕보다 더 훌륭한 것은 없기 때문이었다. 또 덕이란
여성의 명예이며 덕이 있는 여성은 마치 천사처럼
보이기 때문에 덕을 사랑한다고 루소는 말한다. 여
기에 가정교육과 여성교육의 이상이 있다.

5. 루소와 페스탈로치 교육사상의 비교

(1) 서론

 루소와 페스탈로치는 인류의 발전과 역사의 변혁, 새로운 문화의 창조에 가장 큰 공적을 남기고 간 영원한 이상주의자였으며, 혁명적인 사회개혁가, 교육개혁가였다.

 그러나 위대한 두 인물은 사상과 생활, 그리고 대 사회관계와 인간적인 면에 있어서 너무도 유사하고 너무도 대조적이라고 할 수 있다.

 즉, 루소와 페스탈로치의 관계는 불가분리의 관계에 있다. 루소를 정확하게 파악하지 못하고 페스탈로치를 이해하는 것도, 페스탈로치를 제외한 루소의 연구도 모두 허사이며 공염불이 될 가능성이 크다. 루소 사상의 위대한 완성자로는 칸트와 페스탈로치를 들 수 있는데, 칸트는 이상적 입장에서 루소의 자연에 대하여 이상주의적 해석의 근거와 유래를 제시하였고 페스탈로치는 루소 사상의 실천자라고 할 수 있다.

루소는 낭만주의의 창시자로서 인간이성의 절대적인 신뢰에 대하여 저항을 느끼고 합리주의와는 다른 방향의 입장을 취하였다. 그는 이성 단독에만 의거하여 덕성의 수립을 시도하는 것은 헛된 일이라고 하여 이성을 이기적이고 냉소적이고 대중의 인간성에 대한 경멸적인 것으로 보았다. 도리어 그는 학문의 발달과 예술의 진보는 인간을 악화시키는 근원이라고 여겼던 것이다.

디종 아카데미 학원에서 '예술과 과학은 인간에게 이득을 주었는가'하는 문제에서 그는 부정적인 주장으로 상을 받았다. 그는 과학과 문학 및 예술은 도덕의 가장 나쁜 적이며 결핍을 조성하므로 노예의 근원이 된다고 하였다.

페스탈로치 역시 이성보다 감성과 정서에 호소한 편이었다. 인간에게 이성보다 감정이 일찍 발달한다고 보았으며 그는 또한 범애주의 교육자로서 인간의 가능성을 깊이 신뢰하여 인간의 계발을 통하여 사회 개조의 방향으로 나아갔다.

루소도 역시 인간개조와 사회개조를 주장했으나 전자는 이론으로, 후자는 실천으로 표현하였다. 그리고 페스탈로치는 애타주의로서 모든 것을 남을 위하고 자신을 위해서는 아무것도 한 일이 없다. 이것이 영광된 그의 국민의 최후의 찬사였다.

이처럼 페스탈로치는 자기 자신을 위해서 세상을 살지 않고 오직 남만을 위하여 모든 것을 바친 영원한 스승이었다. "만인의 스승인 그는 나의 유일의 책 그것은 인간이다"라고 한 너무나 인간적인 그의 태도는 참다운 인간성의 확립의 근본이 되고 있음에 비하여 루소는 이런 점에서 페스탈로치보다 약하였다. 그러나 두 사람 모두 학대받은 인간에 대해 깊은 자각과 동정심으로 가득한 몽상가였다. 한 사람은 그의 책을 통해서는 깊은 영향을 끼쳤으나 교육자로서는 실패하였다. 또 한 사람은 그의 저서로서는 크게 영향을 준 편은 아니나 교육실천가로서 현대사회와 교육에 깊은 영향을 주었다.

여기서는 루소를 통하여 좀 더 정확하고 깊게 페스탈로치를 알고자 하는 데 그 목적을 두고서 두 위대한 인물의 자연관·인간관·사회관·종교관·교육관을 비교·검토하고 공통점과 상이점을 찾고 나아가서 페스탈로치 교육사상의 본질과 근원을 탐구하여 그의 교육적 영향을 살펴보고자 한다.

(2) 자연관

1) 자연의 의미

페스탈로치는 그의 활동의 처음에서부터 인간의 모든 자애로운 힘은 기술에 의한 것도 아니고 오직 자연에 의해서 이루어진다고 하여 그의 교육은 자연에 의한 과정을 따르도록 강조하고 있다. 그의 저작 속에는 끊임없이 아동발달과 식물 혹은 나무의 자연적 성장과정을 유추해서 말하고 있다. 모든 나무는 종자와 뿌리가 있고 유기적 부분의 연속인 연쇄로 되어 있다. 그러므로 인간은 나무와 유사하다는 것이다. 결과적으로 그는 교육을 인간존재의 모든 힘과 능력의 자연적이고 진보적인 조화로운 발달로 정의하고 있음을 볼 때에 그의 사상의 근원은 역시 자연에 있다. 특히 그는 인간의 내면으로부터의 발달의 이행이라는 신념에서 루소의 자연주의의 영향을 받고 있음을 알 수 있다.

그의 51세 때의 저작으로 '인류의 발전에 있어서 자연의 진행에 관한 나의 탐구'는 페스탈로치의 대표적인 철학사상의 전개를 제시하고 있는 것으로, 여기에서 그는 자연의 진행에 대하여 철저히 피력하고 있다. 즉, 자연의 교육 내지 도야를 의미하는 것이다.

자연의 문제는 인간의 역사와 더불어 시작 되었다고 볼 수 있다. 즉, 고대 그리스 철학 이후의 문제였다. 철학의 시조라고 할 수 있는 탈레스는 "만물의 근원은 물이다"라고 한 그의 말에서부터 자연이 문제의 초점이 되었다.

그 당시의 자연의 의미는 완전히 질서 있는 우주, 창조물의 전체 혹은 모든 창조물의 구성의 질서와 목표를 뜻하였다.

아리스토텔레스는 "자연은 본능적 발달의 잠재성이고 이러한 잠재성의 실현이다. 모든 존재는 확실한 기능을 가지고 있고 존재에 할당되어있는 확실한 목적을 가지고 있다. 즉, 이러한 기능의 실현과 이 목적의 달성을 위한 잠재성은 존재하며 태어날 때부터 가지고 있다. 이 기능을 실현하고 이러한 목적의 달성을 위한 운동에서 존재는 그의 본유적인 잠재성에 따라 행동하는 것이다. 여기에서 잠재성의 실현은 자연과 일치된 과정이요, 잠재성을 응용하는 것이다"라고 하였다. 즉, 아리스토텔레스의 자연은 우주에는 목적의 위계질서가 있다. 모든 존재의 직접 목적은 자신의 질서의 일원으로서 고유의 완성이므로 자연이란 선천적인 잠재성을 의미하고 또한 이 잠재성의 실현을 의미하고 있다.

그 후 신플라톤 철학 이후 점점 자연의 문제를 탐구하여 세계의 근원으로서 신(神)과 동의어로 사용하고 있다. 그러므로 자연에 대한 의미나 내용도 반드시 일의적(一義的)인 것이 아니고 지극히 다의적(多義的) 인 것이라고 볼 수 있다.

루소의 자연주의 사상은 스토아학파의 영향을 많이 받았는데 스토아학파에서는 이 우주의 합리적인 질서의 전체라고 생각하였다. 전체성은 질서 있는 통일이며 잘 계획된 정확한 법칙의 지배를 받고 있다. 특히 스토아는 모든 것은 적당한 기능과 목적을 가진 최고 이성에 의해 그 역할을 수행하고 목적을 달성하는 수단으로서 그것의 요구와 일치하는 것이라고 하였다. 모든 존재는 질서 있는 위계질서를 갖고 있고 합리적인 근원으로 최고도에 달하고 있는 것이지 임의적인 것은 아니다.

신성한 법칙, 신성한 이성은 신성 그 자체의 성질이고 영원하고 불변하다. 왜냐하면 신성은 고유한 자연과 모순될 수 없으므로 신성한 이성은 인간자체를 반영하기 때문이다. 신성은 인간으로 하여금 저절로 어떤 것을 알도록 하고 자신이 설계하고 제작한 데 따라서 활동하고 무장해서 살아가도록 한다. 인간에게 부여된 신성은 바로 인간이성이다. 인간이성은 신성한 이성에의 참여와 반영이다.

스토아학파에서 본 자연은 이성, 곧 신성이라고 보았다. 따라서 인간은 본질적으로 합리적이며 이는 모든 인간에게 본유적이고 선천적이다. 스토아학파는 합리성의 정도에 차별을 기초하고 있는 아리스토텔레스의 불평등의 원리를 부정하면서 인간 각자는 본질적으로 평등하고 이성에 기초를 둔 평등한 사회 일원으로 주인과 노예의 자연적 불평등은 없다고 보았다.

즉, 신성·이성·자연은 하나이다. 이렇게 스토아주의의 자연사상은 범논리주의와 합리적 범신론으로 인간자유와 평등에 기초를 두고 있는 연유로 루소 사상의 근원은 스토아학파와 세네카에게로 추적된다. 반면에 그의 정치조직의 이념은 고대 폴리스의 관념으로 돌아간다.

또한 중세의 에리우게나는 자연을 그의 저서 '자연의 구분에 대하여'에서 ① 창조로서 창조하지 않은 자연, ② 창조되면서 창조하는 자연, ③ 창조되어서 창조하지 않는 자연, ④ 창조도 하지 않지만 창조되지도 않는 자연의 네 유형으로 분류한 것은 종교적인 견지에서 창조의 범주로 자연을 분석한 것이다.

그 후 스피노자는 신, 즉 자연이라 하여 능산적(能産的) 자연으로 하느님은 생산하는 자연이며, 눈에 보이는 자연은 생산된 자연이다. 우리는 우주적인 자연의 일부이며 그 질서를 따르기 마련이다. 그러므로 스피노자의 자연사상은 범신론적이다.

베이컨은 경험론적 입장에서 자연은 복종함으로써 정복된다. 지식은 자연을 대상으로 한다. 그러므로 그의 자연관은 공리적(功利的)인 자연으로 인간과 지식을 위한 자연으로 객관적 자연이다.

코메니우스는 자연은 인간이 타락한 이후 모든 사람이 사로잡혀있는 부패상태를 가리키는 것이 아니라 우리들의 최초의 원시상태를 가리킨다. 우리들은 출발점에 돌아가듯이 원상태로 복귀하지 않으면 안 된다. 그는 자연은 신의 모형이라고 하였다. 즉, 코메니우스의 자연관은 신적 자연으로 인간의 궁극목적은 신을 묘사하여 영원한 행복을 향수하는 데 있는 객관적 신비주의적 자연 사상이다.

이상에서 고찰한 자연을 종합적으로 보면 대개 세 가지 측면의 자연의 의미를 찾을 수 있다.

첫째는, 출생 혹은 근원을 뜻하고 존재의 본질과 선천적·태어날 때부터 가지고 있는 잠재성으로서의 자연을 의미하는 형이상학적인 자연사상으로 우주창조의 시원으로서의 창조적인 자연이다.

둘째는, 질서와 통일, 조화를 의미하고 인간내면의 이성의 힘에 의한 자율성을 뜻하는 자연사상인 심리적 자연이다.

셋째는, 신, 즉 자연인 신비주의적이고 신학적 자연사상이다.

한편 인간의 주관과 객관을 중심으로 한 주관적 자연주의와 객관적 자연주의로 이분할 수 있는데, 주관적 자연주의는 자연을 인간주관으로 해석하여 인간본성대로 교육하는 것으로 루소·바제도우·페스탈로치가 여기 해당된다. 또한 자연을 객관적으로 관찰·이해하는 객관적 자연주의는 라트케·베이컨·로크·코메니우스가 여기에 해당된다.

루소의 자연주의 사상은 생동하는 어떤 것이고 모든 질료(質料)에 파급되어있는 보편적 정신, 생활의 주인, 모든 운동과 활동의 조정자이다.

칼슈타트에 의하면 루소의 자연 관념을 분석하여 거기에서 일곱 개의 의미를 부여하고 있는 데, 즉 ① 도시생활에 대립하는 자연, ② 인간에 대립하는 외계 자연, ③ 낙원적 상태로서의 자연, ④ 고차적 의미의 전단계로서의 발전사적 자연, ⑤ 종교적 경향을 가진 자연, ⑥ 일체의 기교적·작위적인 것에의 대립으로서의 자연, ⑦ 심리적 의미에 있는 인간의 자연이다. 그리고 그중 가장 중요한 의미를 가진 것이 최후의 인간의 자연이다.

한편 철학사가(哲學史家) 회프딩은 문화비평의 입장에서 루소의 자연을 신학적·자연사적(혹은 박물학적) 그리고 심리학적인 세 의미로 분석하고, 이 삼자는 상호 교착하여 있으며 특히 심리학적인 것, 즉 인간학적인 것을 강조하고 다시 이를 자율·개체주의·내재성으로 구분하여 의미를 제시하고 있다. 또한 삼중의 자연으로 구분하여 고차의 자연과 저차의 자연으로, 그리고 경험적·실증적 자연으로 구분하기도 한다. 이처럼 루소의 자연주의는 다의적이고, 인간의 근원적이고, 내면적이고, 선한 것이고, 비인위적이고, 사회의 구속이나 규제가 없는 소극적 상태의 자연이다. 그러나 페스탈로치의 자연은 루소의 자연 사상에 근원하였으나 루소보다 적극적이고 사회와 문화를 수용·긍정하는 자연사상을 갖고 있다.

그러나 두 사상가의 자연주의는 인간은 선이면 정

의와 질서를 사랑하고 인간의 마음속에는 근원적인 악은 없는 것이고 자연의 제일 첫 운동은 언제나 옳음뿐이다. 인간의 마음에 악이 스며드는 것은 자연적이 아닌 데서 온다는 사상에는 합일점이 있다.

그러나 루소는 인간의 사회질서가 모든 악의 근원이라고 본다. 인간은 본래부터 악한 것이 아니라 나쁜 사회제도 때문에 사악해진다고 하였다. 국가에서 예술과 과학은 덕성의 타락의 원인이 된다고 주장하였으며 인류는 언제나 예술과 과학의 진보에 비례하여 타락되고 학문과 예술은 인간을 악화하며 학문과 예술이 신체의 힘을 빼앗는 데 비례해서 정신의 활력은 감소되고 도덕은 부패된다고 보았다. 그래서 그는 문화에 대한 반동과 이성은 인간파멸의 원인이라고 하여 그의 사상은 지성보다 오히려 감성을 통한 것이고 자아의식의 첫 동기는 인간악화의 시초라고 보았다.

그러나 페스탈로치는 사회가 모든 악의 근원이라는 극단적인 견해에서 벗어나서 사회는 인간이 악에서 선으로 나아가는 수단적 과정으로 보았다. 또한 학문과 예술의 발달이 결코 인간의 자연을 파괴하는 것으로 보지 않고 오히려 자연을 승화 고양시키는 것으로 보았다.

2) 자연주의교육

루소와 페스탈로치는 자연주의 사상의 관점에서 유사하다. 둘 다 주관적 자연주의자로서 자율·개체·내면성을 중시하여 사회적·외적 자연보다 내적·심리적인 조화 질서를 더 우위에 두는 자연주의로서 신체적·도덕적·지적인 면의 유기적 통합과 조화로운 발달을 의도하고 있다.

특히 페스탈로치는 인간성 안에 동물적·사회적·도덕적인 세 층을 설정하고 자연 상태의 인간은 아직도 동물과 근본적으로 다르지는 않다고 보았다. 그러나 선의 충동을 갖고 있다. 그렇지만 자연 질서의 상태는 인간의 이기심으로 파괴되고 일탈되어 인간의 타락이 일어나고 그래서 사회 상태가 성립된다. 사회 상태는 인간 이기심으로 자극된 상태를 의미하며 요구의 자의적 충족에서 오는 무질서를 방지하여 협약으로서 법을 만들어 강제적으로 준수하게 하는 상태이다. 그러나 그 협약에 의한 사회적 행위는 그것이 아무리 최대다수의 최대행복을 위한 것일지라도 그것만으로는 인간의 내면적 욕구를 충족시켜 주는 도덕적인 것으로는 볼 수 없는 것이다.

페스탈로치는 말하기를 사회적 정의(법)는 도덕적 정의와는 완전히 구별되는 것이며 그것은 동물적 정의(자연적 욕구의 본능적 충족감)의 변형에 지나지 않는다.

그에 의하면 자연적 욕구의 효율적 충족을 위하여 강제성을 지닌 규범을 발동하는 사회와 국가는 본질 상 도덕의 세계와는 무관하다는 것이다.

도덕의 본질은 인간내면에서 솟구치는 영혼적인 갈구를 충족시키기 위하여 사회상태의 타락을 헤치고 나온 비상에 있다. 그것이 새로운 탄생이고 독자적 개인에 의한 인간성장이며 도덕 상태의 출현이다.

루소와 페스탈로치의 자연 사상은 칸트에의 이성, 피히테의 자아, 헤겔의 절대정신과 같은 중심사상으로 페스탈로치는 루소의 자연사상의 영향을 받았음에 틀림없다. 그러나 루소는 자연인과 사회인 또는 자연 질서와 사회질서를 이분 대비하여 자연인 우위의 사상을 강조하고 있는 데 대하여, 페스탈로치는 자연인·사회인·도덕인으로 삼분하여 사회를 철저히 부정하기보다 보다 고차적이고 발전적인 진보를 위한 협력체로서 도덕인의 상태를 위한 변증법적 전단계로 보았다. 즉, 루소는 자연 상태와 사회상태는 인간의 자연성을 토대로 하고 있어 자연상태에서의 비사회적 인간존재를 목표로 하는 데 반하여 페스탈로치는 사회상태 내의 교육에 의하여 사회악의 속성을 제거하여 사회를 개선할 수 있는 사회적 인간양성을 목표로 한다. 환언하면 페스탈로치의 자연관은 자연을 근본원리로 교육과정에 적용하고 사회적 가치도 인정하여 도덕적이며 이성적 자연성을 갖춘 인간자연을 존중하고 있다.

그의 자연관은 그의 저작 '인류의 발전에 있어서 자연의 진행에 관한 나의 탐구'와 '은자의 황혼'에 많이 서술하고 있는데, 그에 있어서의 자연은 루소와 같이 고립적으로 존재하는 어떤 것이 아니고 오히려 어떤 생활환경 내지 세계에 있어서 존재하는 것이다. 그의 자연은 인간의지로서의 자연이며 신, 즉 자연이다. 그의 본질의 내면에 있는 신, 그것은 자연의 힘이다. 그의 자연에 대한 개념의 인격화는 전통적인 신개념이 불확실해지게 되었다. 또한 그의 자연은 인간을 철저히 탐구하기 위해 사닥다리가 필요한데 그것이 바로 자연이다.

그의 중심사상이 항상 자연이었고 그의 자연은 이성·자율·자아·정신의 의미를 함유한 형이상학적이고 심리학적이고 그리고 신학적인 자연이다. 그의 자연은 정신적인 것이고 유기적으로 성장하는 자연이다. 자연이란 스스로 안정되어 있는 존재가 아니고 활동하는 어떤 것이기 때문에 신은 일자로서가 아니고 능동적 의지로서 경험한다. 그 때문에 유기적 성장의 과정에서 개인의 도야가 스스로 가능한 것이다. 즉, 생이 도야한다는 근본사상에 의존하는 것이다.

그런데 자연의 질서는 서두르지 않는다. 급히 서두르면 그 내면의 힘을 스스로 파괴하고 평안이 없어지고 내면에서부터 존재의 평형은 깨어진다. 인간이 처음으로 모든 자연과 더불어 생생한 연관을 느낄 때 참다운 도야는 시작된다. 자연은 인간을 모든 곳에서 감싸고 있다. 자연은 인식할 필요가 없다. 왜냐하면 어머니의 가슴 속에서 처음으로 사랑을 깨닫게 되는 젖먹이 아이는 어머니가 그에게 무슨 일을 하는 존재인가 하는 것을 알지 못하기 때문이다.

자연은 처음부터 알지 못하고서 도야하는 데 대단한 확실성으로써 도야하는 것이다. 물론 도야과정이 이 단계에 반드시 머물러있을 수 없다. 그러한 과정에서 인식적인 교육요인을 이해해야 하는 시기가 오는 것이다. 비약은 있을 수 없다. 인간은 모든 진리를 필요로 할 수는 없다. 적어도 갑자기는 안 된다. 실제적인 관계에서 연결은 필요한 것이다. 인간과 사물과의 관계에서 신의 질서를 인식하는 위대한 기술을 소유해야 하는 것이다. 그래서 그는 자연을 생각하고 있을 뿐만 아니라 호의적으로 느끼면서 감싸고 있는 것이다.

도야가 실제적인 연관 위에 가치를 두면 인간을 정확한 사물인식과 사물에 대한 판단력으로 교육시킨다. 그의 관찰력을 예민하게 하고 확고하게 형성해준다. 즉, 고유한 생활의 연관과 내적 자유의 감정을 길러주는 데 반하여 표면적 도야는 점점 인간을 악화시켜주고 인간은 수고도 하지 않고 또 수고를 하려고 마음도 먹지 않고 생자체에서 이론을 실험하는 입방아 인간을 산출한다. 그러한 도야는 인간을 무뚝뚝하게, 편파적으로 불확실하고 불안하게, 착란하게 만들며 바보 같은 불손으로 자만심과 사랑이 없는 인간으로 만들어서 참다운 교육과 정반대의 교육으로 형성시킨다. 즉, 반자연은 통찰력의 부족, 비도덕적인 것, 반사회적인 것, 인격가치의 저하, 태만, 무질서, 사기에 알맞게 된다.

또한 자연의 질서는 인간을 다양한 위치에 두고 다양한 재능으로 갖추도록 한다. 자연은 그의 위치와 내면적 연관으로서의 힘을 발견할 수 있고 올바르게 유지할 수 있게 배려하고 있는 것이다.

(3) 인간관

루소에게 있어서 인간은 모든 만물의 창조인 자연의 손에 나올 때는 선하다. 모든 것이 인간의 손에서 타락한다. 그는 인간의 본성을 존중하였으며 본능을 인간의 안내자로 보았다. 그 본능의 추진에 따라서 마음속에 평화와 신체적인 강함이 있게 된다. 그는 두 가지 인간유형을 설정한다. 즉, 고립해 있는 원시인과 사회인이다. 전자는 타인과 관계를 가지지 않는다. 그리고 억세지 않고 그의 본능을 따른다. 자연의 충동에 따르는 그는 선하고 악의 지시에서 벗어나 있는 그는 행복하다. 경향성과 의무가 합치되어 있다. 현대사회에 올바르게, 행복하게 살기 위해 악과 투쟁할 힘을 가져야한다. 그는 덕을 가지고 있어야한다. 이성과 양심의 명령에 복종해야한다. 그것이 자기보존의 욕구이며 자기애이다.
 인간은 단순한 존재가 아니고 지적 존재이고 감성적 존재이다. 양심은 이성에 독립되어 있고 이성보다 앞선 것이고 직접적인 것이다. 양심과 본능적 신성이 강조된다. 인간의 감성은 반드시 우리 지성의 이전에 있다. 관념에 앞서 정서를 갖는다. 진실한 책은 인간의 마음이다. 누구나 마음을 읽는 사람은 과학보다 더 많은 정서와 규칙에 의해서보다 효과에 의해서 판단하는 것을 배운다. 이성의 과오는 양심을 진단함으로써 수정될 수 있다. 본능·정서·양심 이것은 신의 소리이다. 정서적 인간은 학자보다 더욱 깊게 더 넓게 영향을 행사할 것이다. 주지주의는 본질상 귀족주의이다. 비교적 소수만이 지성을 소유한다. 주정주의는 본질상 민주적이다. 모든 사람이 감정을 소유하고 있다. 그러므로 그의 인간은 선하다. 선함은 근원적 조건이고 악은 획득된 것이다. 위대한 문제는 덕을 주입하는 데 있는 것이 아니고 사회에서 형성된 악덕으로부터 영혼을 보존하는 데 있다.

그러나 페스탈로치의 인간관은 그의 저서 '은자의 황혼'에 함유되어 있는데 이 저작의 본래의 제목은 '인간규정에 대한 묘사' 였다. 이것은 인간의 종말을 의미하기보다 시작을 의미하고 인간본질을 철저히 규명하고 있다. 즉, 인간이란 본질에 있어서 무엇인가? 하는 의문을 갖고서 탐구하기 시작한 것이다.

인간·인간성·인간문화·인간자연·인간운명에 관한 관념이 모든 교육의 기초를 형성하고 있으므로 인간의 자연에 대한 이해가 중요하다고 한다.

페스탈로치는 주장하기를 농부는 그가 들판에서 부리고 있는 황소의 성질을 알고 있다. 양치는 목자는 양의 성질을 알고 있다. 그러면 인간의 수호자는 인간주체의 자연을 탐구해야 하는 것이 더욱 중요하다. 인간의 수호자는 무엇보다 이 문제에 대한 답을 할 수 있어야 한다고 역설한다.

인간의 본질이란 무엇인가? 인간의 요구가 무엇이며 무엇이 인간을 고상하게하고 타락시키고 강하게하고 약하게 하는가 하는 문제가 최고 높은 데서부터 생활의 최하상태에 이르기까지 모든 계급에 주어져야 한다고 하여, 인간본질에 대한 해답이 모든 문제의 시초라는 것이다.

또한 그는 인간의 본질은 평등하다고 하였다. 하인이나 국왕이나 인간의 완성과 도덕적 자유의 성취의 결과로써 행복과 만족의 달성에 도달할 수 있다. 행복을 위한 모든 인간의 힘은 인위적 수단이나 우연한 환경에 의존해 있지 않고 인간 자신의 내면에 있다.

그는 루소처럼 인간의 천성은 선하다고 한다. 즉,

인간의 자연은 선하다고 본다. 또한 인간은 인간성, 즉 인간내면성으로 머리·가슴·손·지성·덕성·행동의 삼위일체의 조화로운 인간을 지향하였으며 특히 인간은 내면적 힘을 가지고 있고 나의 정신적 성장에 공헌할 수 있게 모든 것을 생각하도록 하는 내면력이라고 했다. 이러한 힘은 나의 존재의 중심에 있고 독립적으로 존재하고 인간을 스스로 완성해가는 힘이다. 인간자연과 함께 인간은 사회적 존재로서 단순한 생물학적·원시적 인간의 상태에서 천천히 사회의 상태에로 발달해간다. 이러한 사회상태는 끊임없이 도덕적 자유에의 욕구와 동물적 충동 간의 인간 내적인 끝없는 투쟁이 일고 있음을 믿고 있다. 그 때문에 그는 조직·법률·관습·습관을 창조하고 그것들을 활용하고 심지어 종교까지 이용하였다. 그들 속의 내재적인 최후의 윤리적 목적을 위해서 이와 같은 투쟁의 완성은 도덕적 자유의 상태이다. 즉, 인간은 내재적으로보다 높은 자연능력을 가지고 있고 그것이 계발될 때에는 인간의 하위성과 사회에 의해 제시된 규범을 보다 높이 향상시킬 수 있고 완전한 도덕적 존재의 상태로 향상시킬 수 있다고 믿었다.

페스탈로치는 인간과 신의 일치로서 신적 인간관

으로 발전시키고 있다. 어버이 된 신으로의 신앙이다. 어버이 마음과 자녀 마음은 나아가서 신의 마음으로 발전한다. 세계의 행복은 도야된 인간성에 있다. 인간자연의 여러 가지 힘을 순수한 인간 예지에까지 일반적으로 높게 도야하는 것이 무엇보다 중요하다. 인간은 내면의 안락함에까지 도야되어야한다. 이것이 모든 발전의 원동력이 된다고 하였다.

(4) 종교관

루소의 종교관은 교리에 의해서가 아니고 또 책을 공부함으로써가 아니라 인간의 감정에 양심의 활동에 의해서 알도록 한다. 즉, 자연과 이성에서만 기초된 종교교리를 제시하였다. 그는 기적·계시·독단·계율을 부정한 자연신교(自然神敎) 신자였고 그의 자연신교론은 종교적이고 정서적이었다.

그의 종교는 개인과 심정과 이성에 관계되는 것이지 제도적이거나 영원한 의식에 관계된다고 믿지 않았다. 종교는 순전히 개인적인 문제이고 신과 단둘이의 문제이다. 인간과 신의 모든 교통은 개인과 신간의 직접이다. 눈에 보이는 연결이나 종교적 권위의 원리나 종교조직이 없다. 토마스 페인처럼 나 자신의 마음이 나 자신의 교회이다. 즉, 자연적 이성과 자연적 감정만이 신에게의 길을 비출 수 있다. 그것만이 보호하고 구제하는 수단을 우리에게 준비시켜 준다. 우리의 참다운 자유는 신의 법칙에 순종하는 데 있다. 왜냐하면 이것은 필요성의 법칙이며 양심을 따르는 것이 신의 명령을 완수하는 것이기 때문이다.

"스스로 내면을 바라보고 마음을 진단하라, 그러면 지도적인 금언을 발견할 것이다. 너는 정당하고 행복해질 것이다. 양심과 자연적 이성에 초월해서 신에 관해 더 많이 알 수 없다"고 보았다. "나는 신의 작품 어디에서나 신을 지각한다. 나는 나 자신 속에 신을 느낀다. 나는 주위에 보편적으로 신을 본다. 신이 있는 곳을 찾을 때 신이 무엇인지 그 본질이 무엇인지 찾을 때는 신은 나로부터 달아난다"고 하였다. "나의 고통스런 영혼은 아무것도 알지 못한다. 이것이 자연적 종교의 본질이다. 나는 자연적 종교를 주장한다. 신이 있다. 신은 선하다. 양심을 통해 신은 개인에게 직접으로 이야기한다." 이와 같은 관점에서 보면 그는 범신론인 면이 있다.

여기에 대하여 페스탈로치가 기독교인이냐, 아니

냐에 관한 문제는 많은 연구의 주제가 되어 왔다.

물론 이것은 기독교를 규정하는 종교관의 차이에서 연유한 것이다. 이와 같이 페스탈로치의 종교관은 그의 제자나 동료들의 해석에도 일치점이 없다.

니이데르는 페스탈로치를 감정의 관점에서는 깊은 종교인으로 묘사하고 있으나 관념의 입장에서는 비기독교인으로 묘사하고 있다. 하센스타프에 의하면 페스탈로치는 감정의 종교인이다. 그 감정은 인간에 의해 신의 성질을 인식하는 수단으로서이다. 종교는 신에 종속되어있는 절대감정으로 이루어져있다. 즉, 인간의 마음속에 뿌리박고 있는 인간주의에 입각한 종교로서 특징이 있다.

그의 저서 '은자의 황혼'이 나왔을 때 무신론과 자연신론이라는 심각한 공격을 받았음이 그의 종교관을 말하여 준다. 다음과 같은 내용이 그 예이다.

"인간이여! 너 자신을 믿어라. 네 존재의 내면적 의미를 믿어라. 그러면 신을 믿게 될 것이고, 불멸을 믿게 될 것이다. 군주여! 신을 믿어라. 인간의 형제됨을 알아라. 그 입장에서 오는 모든 의무에서 이러한 믿음의 규정을 찾아라. 무신앙은 의무에 대한 믿음의 파괴를 가져온다. 목사·입법가·정치가·민중에게도 타당한 것이다. 권력에 대한 불손·폭력·국민정신의 무죄는 모든 국민쇠약의 근원이다. 상류층의 무신앙이 하류층의 불복종의 원인이다.

"그의 종교관은 우리 인간을 창조한 창조주에 접근함으로써 육신을 지배하는 정신에 영향을 주는 것 외에 아무것도 아니다. 니콜로비우스에게 보낸 편지에서도 기독교 정신을 유사한 도덕적·윤리적 원인에 귀일시키고 육신을 지배하는 정신을 고양하는 원리로서의 가장 순수하고 가장 고상한 제한이라고 주장한다.

그에 의하면 기독교 정신은 타락한 인간을 악으로부터 구원하는 일을 완성해가는 종교이다. 그것은 종교 교리의 체계가 아니고 인간의 가치와 인간행복을 강조하는 종교·도덕적 문화의 형태이다. 기능 연습하고 자신을 계발하고 완성시키는 신이 주신 힘을 모든 사람은 소유하고 있으므로 도덕적으로 완성을 지향하는 예수의 예증에 따라서 자신을 완성하는 힘을 소유하고 있다고 한다.

페스탈로치는 신이 주신 힘을 사용하고 계발하고 자신을 이러한 힘의 극치에까지 완성해가는 이상적 인간의 인격화로서 기독교를 보았던 것이다.

라바터도 페스탈로치와 유사한 입장을 취하고 있는데, "나는 교사로서 예수 그리스도를 마음속으로 느낀다. 그리고 인간성의 최고완성의 인격화된 이상이다. 예수 그리스도는 구세주이다. 인간에게 어떻게 살 것인가를 도덕적 완성의 예증으로써 가르쳐 준 위대한 교사이다" 라고 하였다.

페스탈로치는 죄에 기인된 영원한 형벌을 속죄함으로써가 아니고, 용서에 대한 초자연적 은총을 얻음으로써가 아니고, 도덕적으로 완전하게 사는 것이 어떻게 사는 것인가를 보여주는 자연적 수단으로써 종교를 보았던 것이다.

신의 완전한 사랑과 믿음 때문에 신의 행위는 신성에 의해 살고 있는 완전한 도덕적 존재의 행위이다. 따라서 페스탈로치의 가르침에는 모든 인간존재는 사랑과 믿음의 매개체를 통하여 신적 생활자체로 완전히 습관적으로 될 수 있다는 것이다.

페스탈로치는 삼위일체를 믿지 않았다. 원죄에 대해서도 회의적이다. 루소처럼 인간영혼에 따른 아담과 이브의 원죄의 정신적 결과는 믿지 않는다. 오히려 신에 대한 믿음의 부족으로 도덕적인 악이나 죄가 생긴다고 하였다.

"인간이 죄를 멀리하기 위해서 신의 생각과 감정에 의존해야한다. 인간은 스스로 신의 생활을 알고 있어야 하고 덕의 습관을 발전시켜야 한다. 은총과 성례는 죄의 용서와 관련해서 가르치지 않는다. 세례를 말하고는 있으나 그것의 가치를 인정하지 않았다. 육신의 불결은 씻을 수 없다. 단지 믿음과 사랑의 전환만이 이것을 할 수 있다. 인격적이고 자연적인 종교의 감정에서 기인하는 전환만이 세계와 죄를 초월하여 인간을 고양할 수 있고 인류의 이상인 예수 그리스도에게로 이끌어갈 수 있다. 은총이란 내적 자연으로 인간을 도덕적으로 완성하는 힘이다. 이 개념을 루터와 구별하여 베르네가 말하기를 우리는 초월적인 공기 속에서보다 내재적인 공기 속에서 숨쉬고 있다고 하였다. 페스탈로치는 인간내면의 신의 섬광이라고 말하여 은총과 동일시하고 있다.

기독교 신앙은 도덕성으로 인간을 적당히 교육시킴으로써 공급된다. 그러나 이러한 것은 교회의 가르침으로 성취되는 것은 아니다. 기독교 신앙은 주의·교리·형식적 종교에 있지 않고 내면적 인간의 종교에 있다. 외적인 의식과 대중적인 예배는 종교의 타락된 형태라고 조소하였다.

그는 기독교적 신앙은 도덕을 위한 교육이고 예수 그리스도는 스스로 완전하게 되는 방법을 가르침으로써 인간에게 세계를 보상하는 위대한 교사이다. 또한 최고원리에 의한 생활과 동포를 위한 희생을 인격적으로 인간에게 보여줌으로써 가르치는 것이다. 그는 예수 그리스도를 인간의 도덕성에 대한 절대적이고 완전한 계시라고 인정하고 기독교적 신앙은 스스로 완전해지는 방법을 인간에게 가르치는 방법으로써 예수 그리스도를 준비하고 있다.

그의 종교관을 요약하면, 그의 생활과 저작은 일생의 역사가 완전히 헌신과 개인적 희생과 이념을 위한 관대한 정열이 나타난 것이다. "내가 무엇을 하고 있었는지 알지 못한다. 그러나 내가 원했던 것이 무엇인가를 나는 알고 있다. 이것이 나의 객체와 죽음의 완성이었다"라고 한 것이 그의 신념이며 신앙이었다.

(5) 국가사회관

루소의 국가론은 국가를 형성하는데 두 가지 목적이 추구되어야 한다고 한다.

첫째는 공동방어이고, 둘째는 인간의 근원적 자유의 보존이다. 그는 대중의 협동에 의한 사회를 생각하고 거기에는 개인적 자유가 제한받지 않아야 한다고 하였다. 국가는 보편적인 선(善)인 일반의지에 의해 존재한다. 법률은 반드시 공통의 이해의 표현이고 국민의 동의로써 제정되어야 한다. 사회계약에의 순종은 독재자의 의지가 아니라 일반의지이다. 그리하여 그는 사회연대주의자의 입장을 취하였다.

만일 국민들이 서로 결속하여 어떤 계약을 맺을 기회가 없어진다면 그들의 개인적인 이익은 서로 배치되므로 말살되어 버릴 것이며 그들의 공동이익을 대표하는 결과만 남을 것이다. 이 결과가 곧 일반의지라고 본 것이다. 그가 말하는 일반의지란 대중의 뜻을 말한다. 일반의지는 언제나 올바르고 공공의 이익을 도모하는 것이라고 본다. 그래서 그는 모든 사람들의 의지와 일반의지 사이에는 많은 차이가 있다고 보았다. 그는 일반의지의 강화를 역설하였으나 현실의 국가는 일반의지가 점점 쇠약해진다고 하여 이의 강화를 위하여 군주가 정부를 제어할 필요가 있다고 하였다.

사실 그의 국가사상은 반드시 민주주의 찬양자는 아니었다. 전제주의 국가를 옹호하는 입장도 취하였다. 그는 아테네보다 스파르타를 더 찬미하는 편이었고 영국과 같은 대제국보다는 도시국가를 더 좋아했다. 국가가 작을수록 민주주의 실현이 용이한데 국가가 커질수록 군주정치가 적합하다는 입장을 취하고 있음을 알 수 있다. 즉, 작은 나라에서는 민주주의가 가장 어울리고, 중간 나라에서는 귀족정치, 큰 나라에서는 군주정치가 가장 적합하다고 한다.

그가 말하는 민주주의는 그리스인처럼 모든 국민들의 직접적인 정치참여를 의미한다. 그는 대의정치를 선임 귀족정치라고 불렀다. 인간은 자유롭게 태어났다. 그럼에도 불구하고 곳곳에서 그를 얽어매는 사슬이 따른다. 어떤 사람은 다른 사람의 주인이라고 생각한다. 그런데 그들은 주인이 아니라 종으로 있다고 하였다. 그는 자유보다 인간평등을 더 강조하였다. 평등이 파괴되면서부터 인간과 사회는 부패되기 시작했다고 보았다.

인간행동의 주동인(主動因)은 자기애와 자기보존의 본능인데 동물적인 상태에서 모든 개인은 자유이고 평등이고, 서로 간에 현명하게 의존해 있지 않고 독립적이다. 이 같은 야만의 상태에서는 인간의 삶이 평화롭고 행복했다. 그러나 단순한 자연의 야만상태에서만 남아 있지 않았다.

인간의 상상은 새롭고 만족할 줄 모르는 욕망을 일

깨워 인공적인 요구를 창조하게 되었고 자기 주장, 자기 확대, 이성의 발달, 경쟁심은 새로운 발전, 새로운 상태에로 변화되어 인간은 이기심에 의해 본래의 선의 지위는 상실하게 되었다. 인간의 평등이 깨어지고 우등과 열등이 나타났다. 여기에서 인간의 독립성은 상실되고 개성은 파괴되고 인간은 노예상태 속으로 빠지고 사회제도와 관습이 생기게 되었다.

루소는 사회와 이성, 그리고 문화의 발달이 모든 악의 원천이라고 하였다. 모든 자연 상태는 모든 것이 자유롭고 평등하다. 아무도 어떤 통제를 다른 사람에게 할 수 없다.

그는 사회와 문화에서 오는 이러한 불평등과 악을 본래의 자연 상태로 회복시키기 위하여 혁명을 암시 하였던 것이다. '사회계약론'과 '에밀'은 그의 대표적인 책이다. 그는 말하기를 모든 것은 창조주의 손으로부터 나왔으므로 선이다. 자연의 인간을 약화하게 할 수 없다. 그는 강제가 없어야만 덕이 항상 존재할 수 있다고 하여 선은 근원적인 것이며 악은 획득된 것이다. 덕·양심·정의·존경·동정은 영혼 속의 본유적인 것이라고 했다.

악덕의 기원은 인간이 인간관계가 성립될 때 시

작되고 여기에서 자아의식이 싹트며 자기애와 자기 보존의 욕망이 생기고 경쟁·질투·허영·부러움·자존심이 타인에게 영속화되어 인간은 악화되고 사회는 부패한다는 것이다. 그래서 이러한 타락을 막기 위해서는 인간과 사회의 개혁이 절대적으로 요청되는 것이다.

페스탈로치는 루소 사상에 영향을 받았으나 차이를 발견할 수 있다. 즉, 인간은 자연으로부터는 선하다. 그러나 사회가 인간을 나쁘게 만들어 간다는 루소의 사상과는 약간 다르다. 페스탈로치는 사회 그 자체가 나쁜 것이 아니며, 악은 오히려 개개인을 통하여 이 사회로 온다고 하여 인간의 도덕적 상태를 위한 발전단계로서 오히려 사회를 긍정적으로 받아들이고 있다. 특히 그는 교양이 있다는 계층의 인도적인 정열 속에서 자기 기만을 보았으며 이는 학자 및 상류층 전부에게 전염되어 있어 그들을 오히려 경멸하여 그들을 인간성·사랑 및 고상한 감정이 없기 때문이라고 비난하면서 그들은 빵을 위해 철학하는 수공노동자들이라고 하였다. 그리하여 사회 도처에서 선보다 악이 더 많이 있음은 루소처럼 근원적 사회에 그 원인을 돌리기보다 민중의 무지, 경제적 빈곤, 가정의 타락, 종교의 부패, 상류층 사회의 나라, 도덕감의 결여 때문이라고 생각하고 초기의 활동은 빈민을 경제적으로 구제하기 위한 것이었다. 즉, 생산과 기업 노동으로 인한 경제발전을 의도하였던 것이다.

그의 사회관과 활동의 궁극목적은 사회개조였다. 교육은 이것의 수단이었다. 이와 같은 사회악의 분석에서 그는 자선기관·사회복지·범애주의적 노력에 의해서만이 영원한 구제가 있을 수 있다. 그의 구제는 사회를 구성하고 있는 개개 인간에 있다고 믿었다. 만약 사회가 개혁되어진다면 그 개혁은 사회를 구성하고 있는 개개인과 더불어 시작되어야 한다는 것이다. 인간이 자신을 스스로 도울 수 있어야 사회의 유능한 일원이 된다. 즉, 참다운 독립, 자주적 인간을 길러내야 한다고 보았다.

그는 또한 사회복지의 기초는 행복한 가정이며 이의 기초는 농업이라고 믿었다. 그는 직업교육이 사회개혁의 매우 중요한 위치에 있음을 믿고 광범한 직업교육을 강조했다. 그래서 페스탈로치는 자기 신분에 알맞은 직업을 가지고 자활할 수 있는 인간을 만드는 데 역점을 두었다. 기독교적 가부장(家父長) 체제의 유지와 경제적 자활능력의 육성을 중시하였는데 결국 그는 계급적 신분의 질서의 보존을 인정 하였다.

지이거가 말한 대로 페스탈로치의 초기는 교육면이 많이 강조되어있다. 이는 민중의 경제적 번영과 경제적 안정을 향한 그의 목적이었다. 가난한 사람은 그들의 생계를 벌 수 있도록 훈련받지 않으면 안 된다. 그러나 페스탈로치의 중기 이후부터는 직업 중심에서 다소 변화되어 갔다. 아래로부터의 안으로부터의 교육이다. 즉, 그는 비록 직업교육이 빈곤을 없애는 수단으로 중요하지만 그것은 제일의 목적이 아니다. 그의'린하르트와 게르트루트'에서 석공 린하르트가 그의 아내 게르트루트에게 가난한 사람에게는 생활수단으로 일할 것이 주어져야한다고 말하자 게르트루트의 대답은 행복은 단지 물질적 재산만으로 존재하는 것은 아니라고 했다. 이는 경제적 안정의 달성보다 더 많은 것을 인간은 준비해야한다는 것을 암시하고 있다. 만약 일과 돈이 인간을 행복하게 하는 데 필요하다면 이것은 단순하다. 그러나 부자도 빈자와 마찬가지로 그들이 행복하다면 그들의 내면적 힘의 조화로운 발달을 성취해야한다.

결국 페스탈로치의 사회사상은 생활환경 개선에 의한 인간의 생물학적·연속적 발전관과 중기의 사상, 즉 초환경적·영감적 자기결단에 의한 인격적·비연속적 도야관과의 통일모색에 있는데 이는 밖으로부터의 교도(Von aussen hinein)와 안으로부터의 발로(Von innen heraus)와의 변증법적 통일이라고 볼 수 있다.

그의 민중교육과 산업에서 ① 빈민에게 인간성을 경화시키지 않고 경제적으로 구제하고 그의 내재적인 제능력을 개발하여 어떤 처지에서도 자활할 수 있게 하고, ② 개개 아동의 능력을 영리 능력에 저해됨이 없게 계발하여 자신의 발전과 국가의 번영에 기여케 하고, ③ 경제적 자립을 기하는 능력의 훈련을 빈민계층에 있어서도 높은 정신력과 심정력의 도야에 결부시킨다.

이와 같이 페스탈로치의 사회관은 근원적이기 보다 교육적이고, 부정적이기 보다 긍정적이며, 경제적·물량적인 면과 정신적 도야, 내면력의 계발의 합치에서 찾을 수 있다. 즉, 빈민의 경제적 구제, 국민 대중 교육의 확립, 일반도야의 이념의 탐구 및 실천을 주장했다. 그는 민중교육을 통한 사회 국가의 발전을 기하려고 하였는데 민중교육의 수단을 특히 그 초보 점에서 자연히 인간성의 제능력의 개발에서 이룩되는 과정과 연관시키고자 했다고 다짐

한다.

그는 혁명을 통한 사회개조에 회의적이었다. 1789년 프랑스 혁명이 일어났을 때 별 관심을 두지 않았다. 혁명 당시 그는 (긍정인가? 부정인가?) 에 대한 글에서 찬성도 반대도 하지 않고 왜 혁명이 일어나게 되었는가하는 생각을 하였다. 그때 그는 혁명은 민중에게 불손과 무감각의 영향만을 키웠다. 혁명은 단지 눈이 어두운 주권자나 군주들에게 명백히 설명하기 위하여 필요할 뿐이다. 또한 혁명은 새로운 이념, 예컨대 국민도야의 여지를 주기 위해서도 필요하다고 보았다. 그러나 혁명이 악에 대해서만 일방적으로 작용하고 인간성과 연관지우지 않고 심리적으로 순화를 목적으로 나아가지 못하고 또 일깨우지 않는다면 혁명은 자연의 본질을 통해 민중에 이르기까지 야만과 무기력으로 이끌어 갈 것이라고 본다.

그는 혁명에 의한 사회개조보다 기초 도야의 방법적인 면으로 성취하려고 하였다. 기초도야에서 철저한 인간개조와 사회개조를 기대한 것이다. 다시 말하면 혁명에 의한 사회개혁보다 인간의 내적 도야에 의한 인간교육으로 사회개혁을 주장한다.

(6) 교육관

루소는 개인의 욕구와 힘은 서로 균형이 이루어져야한다고 보았다. 만약 그의 힘이 욕구보다 크다면 그는 자기실현을 이루지 못하고 만약 그의 힘을 초월한다면 좌절감과 불행을 가져온다고 하여 평형의 원리를 주장한다. 또한 어린이는 자연의 창조이며 자연법에 조화해서 행동하고 성장한다고 보았다.

지금까지는 아동은 성인의 축소판이며 크기에서의 확대와 지식에서의 증가를 교육의 과정이라고 믿었다. 이와 같은 관념의 결과로서 아동은 작은 성인, 작은 부인으로서 취급되었다. 그들은 성인과 같은 동일한 주제를 이해하고 동일한 이념에 관념을 가지도록 기대되어왔다. 그들은 부모의 불합리하고 해로운 유행의 옷을 입고 있다. 소녀는 부인처럼 긴 드레스와 코르셋을 입고 있는 것이다. 사람들이 아동의 신체를 취급하고 있는 것과 같이 아동의 정신을 취급하고 있다.

이와 같이 불합리한 아동관에 대하여 루소는 대담하게 자유화하였다. 그는 교육의 중심점을 아동에 두었다. "아동은 성인의 축소판이 아니다. 그들은 그들의 고유의 세계를 갖고 있다. 인간생활의 변천 과정은 유아기·아동기·소년기·청년기·성인기인데 이것이 새로운 교육의 기초이다. 가르침과 훈련은 관념을 제시하는 데 있는 것이 아니고 각각의 발달 단계에 자연적인 활동을 기능화하는 기회를 아이들에게 제시하는 데 있다." 즉, 아동은 기존 사회에 동조하도록 훈련되어 왔고 개성의 무자비한 억압이 있었던 것에 루소는 심한 반발을 느꼈다. 말하자면 개인은 사회의 피상적인 변덕에 희생되어서는 안 된다고 보았다.

인간은 너무나 고상한 존재여서 타인을 위한 단순한 도구로써 봉사할 의무가 있을 수 없다. 그리고 그 자신을 위해서는 생각하는 것이 없이 무엇이 적합한가에 따라 고용되어서는 안 된다. 왜냐하면 인간은 그들의 입장을 위해 만들어진 것이 아니라 인간을 위해 입장이 만들어지는 것이기 때문이다.

개인의 선과 행복은 사회봉사를 위해 그의 재능을 발달시키는 것보다 더 필수적이다. 교육의 핵심은 아동 천성의 연구이다. 아동의 실제적인 감정과 사고·흥미를 모르고서 성인은 아동에게 성인 자신을 부과하고 있다. 새로운 방법의 원리는 아동에게서 자연성 자체를 이해하는 것이다. 루소는 발달단계에 관한 진화이론을 처음으로 주장했다. 즉, 동물의 시기, 야만인의 시기, 로빈슨 크루소의 시기, 합리적 사고의 시기, 그리고 사회적 시기가 바로 그것이다.

루소의 교육목적관은 자연적인 선과 인간의 덕이 조화된 사회의 보존에 있었다. 그는 자연의 세계를 질서·조화·미(美)라고보고 인간의 세계는 갈등·추함·이기·비참으로 보았다. 그래서 교육을 통해 도달할 수 있는 최고목적은 고상하고 원시적인 덕, 즉 용기·인내·절제·평등·우애·단순성·자유의 실현이라고 했다. 그의 교육은 '에밀'을 통해 나타나고 있는데 에밀은 사막으로 추방된 야만인이 아니고 도시에 사는 야만인이다.

그는 교육은 가장 중요한 국가사업이라고 했다. 국가적 교육은 자유인의 특권이다. 모든 아동은 국가제도에 의해 평등하므로 공동으로 교육받아야 하고 같은 방법으로 교육받아야 한다고 했다.

루소는 평등교육과 공교육을 강조했다. 그는 상류층에게만 교육이 필요하며 하류층은 교육이 필요없다고 했다. 그 이유는 생활환경이 하류층에게 평등감·단순성·자발성 그리고 모든 덕을 가지도록 한다고 보았기 때문이다. 상류층의 인간은 사치와 인위성 속에서 자라난다. 그러므로 그들에게 자연교육이 필요하다. 또한 우리가 미래 환경과 사회가 무엇이 될지 알 수 없듯이 개인의 운명이 어떻게 될지 알 수 없으므로 우리는 지성적으로 미래교육을 할 수 없다. 아동의 교육은 불확실한 미래를 위한 것보다. 다만 현재를 위해 교육받는다. 에밀은 고아로서 가족관계와 다른 아동으로부터 고립되어 있고 생활이 단조로운 시골에 살고 있으며 사회관계는 최소한으로 줄어진다. 가정교사가 유일한 친구이다. 그의 교육은 야만인의 교육처럼 자연환경과 내적 자연성에 의존하는 것이지 사회 조건에 의존하고 있지 않다. 그는 자연에 의해 발달하고 자연의 경향성에 따라 자유로운 것이다. 그는 다만 사물에 의존해 있고 너무 빠른 훈련과 교수에 의한 인위성과 조숙을 의도하지 않는다. 그의 교육은 무에서 일어나는 것이 아니라, 내면에서부터 생기한다. 이와 같이 교육의 제일초보는 자연환경과 관련하여 아동의 자연적 활동의 자유롭고 방해받지 않는 표현과 더불어 시작하는 것이라고 주장한다.

페스탈로치의 교육도 루소와 흡사하다. 그는 교육이란 단순히 책이나 지식 만으로만 이루어지는 것이 아니라, 가난한 집 아이들이 적당한 훈련으로써 그들의 생활을 영위하도록 배우고 동시에 그들의 지성과 도덕성을 계발하는 것이라고 하였다. 그는 개인의 발달을 가장 우선하여 모든 참다운 개혁은 개인과 함께 시작해야하고 사회와 함께 시작해서는 안 된다고 했다. 유덕함과 힘이 개인에게서 발달되기 이전에 유덕하고 강력한 사회를 만들려고 하는 사람은 종종 국가를 그릇된 방향으로 이끌어갈지 모른다. 이처럼 그는 모든 개인이 향상됨으로써 전체의 향상이 가능하다고 보아 사회전체의 개혁과 진보는 개인발달에 의해서 가능하고 개인의 발달은 교육에 의해서 실현되어진다는 것이다. 사회조직·정부·경제·교회의 개혁은 개인이 발달해서 이러한 제도를 유익하게 사용할 수 없다면 무익한 것이 된다고 보았다.

페스탈로치의 교육의 목적은 모든 개인을 위하여 보다 행복하고 보다 유덕한 생활을 보증토록 하는 것이다. 이러한 목적을 달성케 하는 과정은 개인이 가진 모든 힘의 조화로운 발달이다. 교육은 단지 생산적인 범애정신이고, 모든 인간의 권리가 우선이다. 이러한 이유 때문에 페스탈로치는 사회개혁을 위한 수단으로서 교육을 택하였다.

"가슴·손·머리가 전체적·통합적으로 발달하게 된다. 인간성은 통일성이다. 가슴·손·머리를 제외하고 배타적으로 어떤 능력을 생각한다는 것은 인간의 선천적 균형성을 훼손하고 파괴하는 것이다."

인간성의 3요인 중의 어떤 하나라도 언제나 적당한 강조로써 수용하지 않으면 유기체의 통일성은 분열되고 개인은 완전히 정상적인 생활을 할 수 없고 문화에 자신을 적응시키지 못한다고 하였다. 그러나 그는 인간성의 3요소는 중요성의 정도가 정확히 동일할 수는 없다. 그 셋은 모두 필수적이다. 그러나 하나는 우선적이어야 한다. 이 점을 페스탈로치는 칸트와 실러의 견해에 동의하고 있다. 칸트의 견해에 합치해서 윤리적인 생활이 인간에게 우선되어야하고 신체·운동적인 것과 지적인 것은 그 하위에 속해야 함을 주장하고 있다.

인간은 그의 지적 능력을 완전히 발휘해야한다. 그러나 이것은 그 자체가 목적이 아니다. 유사하게도 인간은 지식을 응용할 기술을 획득해야한다. 그는 건설적인 일에 종사해야한다. 그는 생산적인 것을 배워야한다. 그러나 이것 역시 그 자체가 목적이 아니고 최고의 목적은 다른 인생과 최고의 존재와 조화로운 관계 속에 살면서 완전한 인간을 실현하는 것이다. 그것은 스스로 유기체의 다른 능력과 서로 관련을 지워주고 통일시키는 도덕적이며 종교적 생활이다.

그는 초기에는 가정·농업·산업을 중심으로 한 공리주의자의 활동에서 교육을 찾고 있다. 그 후기에는 이와 같은 관점에서 다소 후퇴하여 교육의 일반적 특성은 전문적 기술의 획득을 선행해야한다. 개인은 전문적인 직업으로 훈련되기 이전에 인간성을 향상시킬 필요가 있으며 사고와 도덕적 행동을 위한 근본적 능력의 계발에 의해서 고상화되고 향상되어야 한다. 정신과 심정의 계발이 어떤 특수한 분야보다 우선해야한다. 직업교육에 선행해야 하는 것은 일반교육이다.

민중의 자녀에게 취업의 기회를 마련하여 주는 산업교육은 중요하지만 그것이 빵을 벌기 위한 손재주나 기술적 기능의 훈련에 그쳐서는 안 되며, 먼저 높은 인간성의 힘을 도야하고 이를 응용하는 것이 되어야 한다. "좋은 인간만이 좋은 수차부(水車夫)가 될 수 있다"고 하면서 직업 교육은 움직이는 기계를 만드는 것이 아니라 창작적인 활동을 할 수 있는 기업인을 만드는 데 있다고 했다.

직업도야에 대한 인간 도야의 절대적 우위성을 강조한 것이다. 인간인 연후에 기술자라는 것이다. 인간이란 사고력 그 자체이며 이것은 육체적인 것을 극복하는 신적(神的)인 것의 발로이며 신은 인간에게 사고력을 부여함으로써 신을 닮게 했다고 페스탈로치는 생각한 것이다. 그의 교육은 심정적 우위에 의한 전인적 교육, 언어력 우위에 의한 지능력 교육 및 사고력 우위에 의한 일반도야의 이념인데 역시 그는 심정적 도야 우위론이다. 심정 위에 지식을 두는 것은 자연법칙에 어긋나고 해로운 것으로 보았다.

또 어린이의 힘은 그 내면에서부터 싹튼다. 내면에서부터 자발적으로 싹튼다. 발달은 자발적 이어야 하고 자유로워야 한다. 모든 교육적인 교수는 내면에서 일어나야한다. 그 자신의 힘으로 발달할 준비가 되어 있기 전에 아이들을 힘 있게 하는 모든 노력은 해로울 뿐이다. 그는 교육실천에서 상벌·보상·공포·경쟁에 의존하지 않았다. 그 모든 것은 외적인 동인일 뿐이다. 자연은 비약이 없다. 자연은 천천히 발달한다. 가장 쉬운 곳에서 가장 어려운 단계로 나아가는 교과의 배열이 필요하다. 아동의 요구는 성취의 능력에 적합하게 균형이 취해져야 한다. 아동이 배워야 할 모든 것은 그의 힘에 비례해서 배워야하고 주의력·판단력·사고력과 같은 더욱 복잡하고 어려운 단계로 나아간다. 반복과 훈련이 큰 역할을 한다.

아동은 점차적으로 각 단계를 습득하고 각 교과는 질서정연하게 계열화하도록 한다. 방법은 자연의 질서를 따른다. 모든 지식의 절대적 기초로서 감각인상의 인식에서 최고 교수원리를 찾는다. 정신은 감각 경험에서 형성된다. 그는 사물과 함께 시작함으로써만이 아동은 개념을 명확히 할 수 있다. 추상적인 설명이나 단어보다 경험이다. 관찰에 의해 아동을 교육시킨다.

그는 수공 훈련과 지적인 것의 연관으로 계발시켰다. 종교와 도덕은 지각에 의해 가르치지 않고 실증에 의해 아동의 생활 속에서 일어나게 하였고 아동에게 감사·자애·동정·자제력의 가치를 보여주었다. 지리·역사도 책에 의해서보다 대화에 의해서 교수되었다.

페스탈로치는 국왕과 지배자로 하여금 오두막집의 하류층 아이들의 교육에 관심을 갖게 하였다. 그는 신이 주신 힘을 계발할 절대적인 권리를 모든 아동은 가지고 있다고 선언함으로써 교육을 민주화·대중화하였고 관찰과 경험, 직관을 중요시하여 교육을 심리화 하였고, 개인과 사회개조의 수단으로써 교육을 이용하여 교육을 사회화하였고, 직업과 산업을 지식과 연결 지워 교육을 생산화 하였고, 공동선과 교사, 학생의 협동에 기초를 두어 교육을 통합화하였고, 머리·가슴·손·정신력·심정력·기술력, 지(知)·의(意)·행(行)의 삼위일체의 조화를 교육에 강조하여 교육을 균형화하였고, 사랑·신뢰·감사·순종의 교육정신으로 교육정신을 정립하였다.

(7) 결론

1) 공통점

루소와 페스탈로치는 자연을 보는 관점에서 주관주의적이고 내재적이고 선의 자연관을 갖고서 정의 질서를 존중하고 인간의 악의 기원은 자연의 배반에서 출발한다는 사상을 둘 다 갖고 있으며, 교육에의 합자연의 원리를 주장하여 현대교육의 심리주의·과학주의·사회주의적 경향의 기반이 되었다.

인간관에도 인간을 근본적으로 선하다고 본 것이다. 또한 인간의 이성이나 지성보다 본능·감정·정서를 존중하여 주정주의적 인간의 면이 강하다. 그리고 압박받고 있는 서민대중의 입장에서 귀족주의 선민의식을 자연에 배치된다고 보아 평등과 자유·자율이 인간본질의 천부성임을 주장하였다.

루소나 페스탈로치 역시 교리나 형식, 제도에 의한 종교를 부정하고 인간의 감정과 양심의 활동에 의한 자연신교적 종교관으로 종교는 개인의 심정이요 이성에 관계되는 것이지 제도적이거나 의식에 관계된다고 믿지 않은 점이 동일하다. 신과 인간의 직접적인 대화와 교통을 중시하고 일체의 권위를 거부하였다.

국가사회의 관점에서 민주주의·자유주적인 입장에서 공동의 보조를 취하고 교육의 관점에서는 아동 중심주의, 현재 중심의 교육과 자연에 일치하여 권위나 일체의 독단 형식을 부정하였다. 또한 인간의 권리를 존중하고 개성과 자율성을 강조하는 합자연성의 교육과 관찰과 경험의 직관중심의 교육을 중시하고, 서적에만 의존하는 언어주의 교육을 배격하였으며, 지성과 이성주의보다 자연주의와 감성을 중시하는 교육을 주장하였다. 또한 인위적인 교육보다 내재적·자발적인 교육을 강조한 점이 동일하다. 강제와 억압·간섭·암기의 교육방법을 배격하고, 교육의 목적도 이성의 계발보다 덕성 혹은 선의 실현을 중요시하였다.

2) 상이점

 루소나 페스탈로치 두 사상가의 중심이 자연이라
는 사실은 부정할 수 없다. 그러나 루소의 자연은
비역사적·비문화적·비사회적인데, 페스탈로치는
그렇지 않았다. 즉, 루소는 자연 상태와 사회상태는
인간의 자연성을 토대로 하고 있어 자연 상태에서
의 비사회적 인간존재를 목표로 하는 데 반하여 페
스탈로치는 사회상태 내의 교육에 의하여 사회악의
속성을 제거하여 사회를 개선할 수 있는 인간을 목
적하였다. 루소의 자연이 고립적인 데 비하면 페스
탈로치의 자연은 통합적이었다. 루소는 '에밀'에서
정신적으로 젊은 귀족을 가지고 교육하면서 사회를
떠난 자연 속의 고립에 의한 교육이었는데, 페스탈
로치는 '린하르트와 게르트루트'에서 하류층을 위해
빈곤은 구제될 수 있고, 사회는 도덕적이고 정신적
인 발달에 의해 모든 사람의 타락을 개혁할 수 있다
고 하였다. 그래서 페스탈로치는 사회 속에서의 교
육을 의도한다. 루소의 교육의 대상은 상류층인데
페스탈로치는 상류층보다. 하류층을 교육의 대상으

로 삼고 있다.

루소의 종교는 자연신교적 범신론으로 그친 데 반하여, 페스탈로치의 종교는 도덕성과 교육으로 이끌고 있다. 종교는 도덕을 위한 교육이라고 하여 종교 자체를 교육시하여 자신이 스스로 기독교정신에 입각해서 생활에 의해 실천에 옮긴 위대한 교사였는데, 루소는 그렇지 못하였다. 페스탈로치 생애는 전부 종교적이었는데 루소는 별개였다.

루소는 인간 불평등과 악이 사회제도와 조직문화의 발달에 기인된다고 하여 이것의 회복을 위한 혁명을 암시하고 있다. 그러나 페스탈로치는 사회를 부정하지 않고 인간의 개조와 선을 위해 사회를 방법적으로 전제하고 있다. 그리고 그는 혁명에 의하기보다 기초도야에 의해 인간과 사회의 개조를 주장했다.

그러나 루소는 책을 통해서 이론적으로 철저하고, 논리적으로 분명하여 역사의 발전에 공헌하였으나, 페스탈로치는 책을 통한 영향도 크지만 오히려 그는 실천과 행동으로 역사를 변혁시킨 위대한 교육자라고 할 수 있다. 그러나 그의 이론은 루소만큼은 철저하지 못했고 논리적으로 명확하지 못했다. 그는 그러나 루소의 훌륭한 계승자였고 루소 사상의 위대한 실천가였으며 완성자임에는 틀림없다. 루소의 이론과 사상이 페스탈로치로 인하여 적절히 응용되고 실천되었다.

 페스탈로치는 루소 사상의 실천가이면서 또한 사상적 제자라고 할 수 있다. 이에 비해 루소는 교육보다 사회·정치·철학·법률적인 면에서 많이 연구되고 있으며, 페스탈로치는 교육적인 면, 사회사업적인 면, 그리고 종교·윤리·문화 그리고 법률·정치·경제면에서 적용·연구되고 있다.

 두 사람 모두 역사의 창조자, 위대한 사회개혁가, 이상주의자로서 인류에 영원히 빛을 던져주고 있음은 명확하다.